生命沒那麼難，但需要勇氣。

Life is not meant to be easy, but take courage

選擇進步，就不要怕受傷；選擇飛躍，就不要怕跌倒。
蚌歷經痛苦後孕育出晶瑩奪目的珍珠，人歷經痛苦後創造出輝煌的成績。

生命沒那麼難，換個角度看問題，
也許　問題已不是問題了。

正面思考：57

生命沒那麼難，但需要勇氣

編著　昕聆
出版者　大拓文化事業有限公司
執行編輯　林美娟
美術編輯　蕭佩玲

總經銷　永續圖書有限公司
劃撥帳號　18669219
地址　22103 新北市汐止區大同路三段一九十四號九樓之一
TEL　(〇二)八六四七—三六六三
FAX　(〇二)八六四七—三六六〇
E-mail　yungjiuh@ms45.hinet.net
網址　www.foreverbooks.com.tw

CVS代理　美璟文化有限公司
TEL　(〇二)二七二三—九九六八
FAX　(〇二)二七二三—九六六八

法律顧問　方圓法律事務所　涂成樞律師

出版日◇二〇一五年十二月

國家圖書館出版品預行編目資料

生命沒那麼難，但需要勇氣 / 昕聆編著. -- 初版.
-- 新北市 : 大拓文化, 民104.12
面 ;　公分. -- (正面思考系列 ; 57)
ISBN 978-986-411-019-3(平裝)
1.自我實現　2.通俗作品
177.2　104020574

前言

生命有了靈魂，才會感覺到生存的意義，就算是痛苦的，也充滿希望。其實悲劇在堅強的人面前，總會一笑而成為過去。

在這個世界上，有許多種愛，它不是不存在，而是我們感覺不到。有了愛，我們才有更大的勇氣去面對一切，有了愛，我們才能感覺生活的美好。生活中任何事情在沒有確定之前，千萬不要猜疑，有時可能會因此傷了別人，更多的時候，更會傷害自己。唯有先學會珍惜，才能真正得到什麼。

許多社會新聞都是有關於政治、金錢、感情、詐騙……等種種消息，而這些皆起源於不懂得珍惜身邊所擁有的東西，也許是人、也許是關係、也許是親情、也許是友情、或許是一個機會，而這些人事物或許將會改變你的一生也說不定，許多人總是在失去後才百般懊惱，悔不當初，總說早知道就好好把握住。千金難買早知道，機會是絕對不會等你的。

一個盲人在陽台上種滿了紅綠黃白各式各樣的花草，且以全部的心血澆灌培育著它們。有朋友問他怎會有這等養花弄草的閒情逸致。這位盲人笑著說，他的眼睛瞎了，心可不能再瞎，他要讓眼裡看不到的東西在心裡能看到，使自己的生命不至於完全陷入黑暗之中。

即使一個雙目失明的人也喜歡花，也種花。失明的人，雖然已看不到花的美麗，但在他的心中卻生長著一株美麗的花朵。生活能否美好，完全取決於你的心態是否健康。心中的花，代表的是一個人心中的境界，不管他失明與否。

在現在生活中，民生物價節節高漲，社會亂象頻傳，政治語言充斥。各種負面資訊透過網路、電視、報章雜誌的過度喧染，造成人心惶惶，讓人感覺到連好好生活下去都不容易。但是每天又必須面對現實，畢竟明天的太陽依舊會昇起。

在這樣的環境下，自己對於生活的態度和心情就很重要了。想要保持內心的平靜和生活的快樂，主要並不在於我們身在哪裡，有多少金錢，或者我們是什麼人。最重要的是，只要懂得珍惜身邊一切的人事物，懂得知足常樂這個道理，我想生活就會輕鬆一些吧！與其每天煩惱生活難過、生病難受、工作難做，不如換個想法過生活。不奢華的簡單生活，不埋怨的放心生病，不偷懶的輕鬆工作。

這樣如果還有時間煩惱，那還真不算是什麼煩惱吧！

前言

Part 1 心靈雞湯

獲勝的祕密／012
人生經歷／015
不進則退／018
夢想和執著／020
膽小鬼／022
努力走下去／024
居里夫人／026
要相信自己／029
王羲之教子／031
蓋茲的工作／034
十兩銀與百兩銀／037
誠者為王／040
努力嘗試／043
捏花生／046
登峰／048
六點鐘準時到／050

Part 2 命運之神

兩元的承諾／054
品德考試／057
面試／060
門鎖／062
掌控天氣／065
五萬人的名字／068
兔子跳河／070
危險／072

CONTENTS

過橋／075
天意／077
決鬥／079
信任／081
後悔有用／084
窗／087
稀世珍寶／089
尋寶／092
五次面試／095
下一次就是你／099

Part 3 生命的價值

「精神」的信念／104
起伏人生／106
只剩一隻眼／109
騾子的家世／112
感知生命／114
盲人的鏡子／116
殘破的臉／118
再試一次／120
心中有陽光／122
失眠的落榜生／126
黎明前的黑夜／129
馴馬經／132
生活的希望／134
膽小的羅斯福／136
無臂畫家／138
貢獻／140
缺陷與成就／143

Part 4 一念之間

一念之間／148
海倫・凱勒／151
誰為傳人／155
打開心門／158
另一個角度／160
愛生氣的婦人／163
嚐到鹹味了嗎／165
征服自己／167
快樂與痛苦／170
小草／172
安心是禪／174
太陽每天都照常升起／175
年輕人／178
時間還沒有到／181
從運動員到演員／183

Part 5 智慧人生

將心比心／188
生命的感動／190
自信／193
永遠／196
快樂的根／199
麻袋的經歷／201
志當存高遠／204
做人要低調／207
用毅力感化孩子／211
平等／218

CONTENTS

因材施教／221
捕猴／225
壞鄰居227

Part 6 **心靈感悟**

罰抄寫／232
高利貸／234
直覺／236
四塊糖／238
粗心／240
一諾千金／243
沒有犯錯的要懲罰／245
杯子滿了／249
言多必失／251
我喜歡颱風／253

1

心靈雞湯

逃避絕對解決不了任何事情，而且你會發現越是逃避這些事情，麻煩越容易發生在你身上。

獲勝的祕密

瑪麗阿姨有一位就讀高中而且網球打得很好的女兒。有一年，學校舉行網球比賽，女兒滿懷著奪冠的希望，信心十足地報了名。

比賽前，當女兒查看賽程表時，發現第一場的對手竟是曾經打敗過自己的高手。於是，女兒感到十分沮喪，開始垂頭喪氣起來。

「這次可能連通過預賽的機會也沒有了，還談什麼晉級啊！」

瑪麗看女兒如此絕望，壓力也很大。腦子一轉，對女兒說：「妳想不想把那人打敗報仇呢？」

「當然想呀，不過她上次把我敗得很慘，我們的實力相差太遠了。」

「我有一個好方法，照著我的話去做，妳便能贏這場比賽。」

「真的嗎？請媽媽快點告訴我！」

「妳現在閉上眼睛，回想以前打網球時最精采的一幕，把過程從頭到尾重演一次，好好地感受勝利的滋味。」

女兒照著媽媽的話做，臉上的絕望都不見了，換來的是一片容光煥發。從此，女兒便天天以這個方式調整自己的心態。對比賽態度的改變，讓她充滿了信心和活力。不久，比賽開始了。女兒信心百倍地踏上球場，比賽時更是施展渾身解數，把對方打得落花流水，順利地贏得第一場比賽。

比賽結束之後，女兒興高采烈地衝向媽媽。媽媽說：「妳打得很好呢！」

「全靠媽媽的指點。老實說，我最初聽到您的方法時覺得有點懷疑，沒想到那麼有效！」女兒興奮地說著。

「是妳自己幫助了自己，媽媽只是幫妳找回了正面心態而已。」媽媽笑著說。

要堅信，正因為自己不懈的努力和自信，你正逐漸成為最傑出的人物。越是堅定不移地抱著這種信念，你就越容易將它變成事實。

勇氣格言：

什麼是獲勝的祕密？是心態。只有渴望勝利的信心和意志，最終才能將理想變成現實。千萬不要被還未到來的困難嚇倒，因為那樣的話，你永遠都不會品嚐到成功的喜悅。

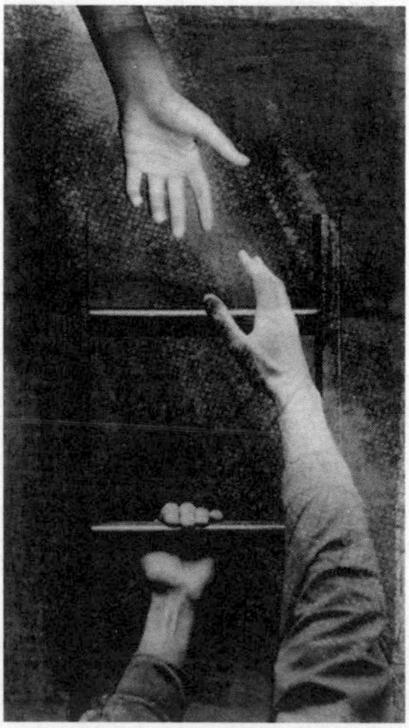

人生經歷

鑑真和尚剛剛剃度遁入空門時，住持派他去做行腳僧，那是寺裡沒人願意做的工作。

有一天，日已三竿了，鑑真依舊大睡不起。住持覺得很奇怪，推開鑑真的房門，只見床邊堆了一大堆破破爛爛的草鞋。住持叫醒鑑真問：「你今天不外出化緣，堆這一堆破草鞋做什麼？」

鑑真打了個哈欠說：「別人一年連一雙草鞋都穿不破，我才剛剃度一年多，就穿爛了這麼多的鞋，我是不是該為廟裡節省些鞋子？」

住持一聽就明白了，微微一笑說：「昨天夜裡落了一場雨，你隨我到寺前的路上走走吧。」

寺前是一座黃土坡，由於剛下過雨，路面泥濘不堪。

住持拍著鑑真的肩膀說：「你想做一天和尚撞一天鐘，還是想做一個能光大佛法的名僧？」

鑑真說：「我當然希望能光大佛法，做一代名僧。」

住持撚鬚一笑：「你昨天是否在這條路上走過？」

鑑真說：「當然。」

住持問：「你能找到自己的腳印嗎？」

鑑真十分不解地說：「昨天這路又乾又硬，小僧哪能找到自己的腳印？」

住持又笑笑說：「今天我倆在這路上走一遭，你能找到你的腳印嗎？」

鑑真說：「當然能了。」

住持聽了，微笑著拍拍鑑真的肩說：「泥濘的路才能留下腳印，世上芸芸眾生莫不如此啊。那些一生碌碌無為的人，不經風不沐雨，沒有起也沒有伏，就像一雙腳踩在又乾又硬的大路上，腳步抬起，什麼也沒有留下；而那些經風沐雨的人，他們在苦難中跋涉不停，就像一雙腳行走在泥濘裡，他們走遠了，但腳印卻印證著他們行走的價值。」

鑑真慚愧地低下了頭。從此他牢記住住持的話，終於成了歷史上的一代名僧。

勇氣格言：

不經歷風雨，怎能看見彩虹。只有走過風雨荊棘，才會真正體會自己的價值，創造輝煌人生。走在坦途上的人雖也有成功，但卻體會不到風雨之後彩虹的美麗。

不進則退

埃德．格林是美國著名的推銷員之一。

二十八歲時，他的月收入大約超過七萬美元。有人問起他成功的祕密，他講了一個故事：「當我還是一個小男孩的時候，有一次爸爸帶我參觀他工作的菜園。爸爸可以說是當時那個地區最好的園丁，他在園子裡辛勤耕作，熱愛它，並且以自己的成果為榮。當我們參觀完之後，爸爸問我從中學到了什麼？」埃德繼續笑著說，「而我當時只能看出來爸爸顯然在這個園子裡下了番功夫。對這個回答爸爸有些沉不住氣了，他對我說：『兒子，我希望你能夠觀察到當這些蔬菜還顯得青蔥脆綠時，代表它們還在生長；一旦它們成熟了，就會開始腐爛。』」

埃德講完這個故事後說：「我一直沒有忘記這件事，所以我總是設法抽時間學習，我認為知識是成功的資本。有時我甚至會放棄一筆生意，而去趕一堂課。」

勇氣格言：

學如逆水行舟，不進則退，時刻保持學習的熱情才能不斷進步。而不斷的學習是你維持競爭力最好的方法。

夢想和執著

一次拍賣會上，有大批的腳踏車將要出售。第一輛腳踏車開始競標時，站在最前面有一位不到十二歲的男孩搶先出價：「五塊錢。」可惜，這輛車被出價更高的人買走了。

稍後，另一輛腳踏車開始拍賣。這位小男孩又出價五塊錢。接下來，他每次都出這個價，而且不再加價。不過，五塊錢的確太少了，那些腳踏車起碼能賣到三十五或四十塊錢，有的甚至賣到八十元以上。拍賣會中場休息時，拍賣官問小男孩為什麼不加價競爭。小男孩說，他只有五塊錢。

休息時間結束後，小男孩還是繼續出五塊錢競標每輛腳踏車。他的舉動引起了所有人的注意。人們交頭接耳地議論著他。

漫長的一個半小時後，拍賣快要結束了，只剩下最後一輛腳踏車，而且是非常棒的一輛，車身光亮如新，令小男孩怦然心動。拍賣員問：「有誰出價嗎？」

這時，幾乎已失去希望的小男孩絕望地說：「五塊錢。」

拍賣員停止唱價，靜靜地站在那裡。觀眾也默不作聲，沒有人舉手喊價。靜待片刻後，拍賣員說：「成交，五塊錢賣給那個穿短褲白球鞋的小伙子。」

觀眾紛紛鼓掌表示祝賀。小男孩臉上洋溢著幸福的光輝，拿出捏在汗濕的手心裡揉皺的五塊錢，買下那輛無疑是世界上最漂亮的腳踏車。

勇氣格言：

小男孩花五塊錢最終買到了他嚮往已久的腳踏車。難道其他人真的出不起價了嗎？答案當然不是，是因為被小男孩的執著精神所感動，特地成全了他的心願。很多時候，人們之間的愛是用金錢買不到的，小男孩的五元實際上是買到了他的夢想和執著，也買到了大家的熱心和關愛。

膽小鬼

在美國，前第一夫人希拉蕊・克林頓的名號之響亮，甚至勝過了比爾・克林頓本人。她睿智的眼光和獨特的手腕，幫助比爾・克林頓登上了總統的寶座。就在比爾・克林頓因緋聞案面臨彈劾危機時，她咬緊牙關，一方面忍痛原諒丈夫對自己的不忠，一方面還要替丈夫考慮，力保其總統寶座。這樣一位堅毅而勇敢的女人，在世界政壇上，實在無人能與之匹敵。

無可否認，希拉蕊・克林頓敢於挑戰挫折、堅毅頑強的性格，也是女人中少有的，但她小時候卻是一個膽小鬼，改變她命運的，竟然是母親的一句話。

她四歲的時候從外地搬到芝加哥郊區居住。來到新環境，活潑好動的希拉蕊急著想交新朋友，但她很快就發現這並不是件容易的事。每當她到外面去玩耍時，鄰居的孩子們不是嘲笑她就是欺負她，有時還將她推來推去或將她打倒在地。這時候她就會哭著跑回家，再也不出家門了。

希拉蕊的母親靜靜地觀察了幾周後，終於有一天，希拉蕊又一次哭著跑回家時，母親站在門口擋住了她的去路。母親大聲對她說：「回去勇敢地面對他們，我們家裡容不得膽小鬼。」

希拉蕊只得硬著頭皮走出家門。那些欺負她的孩子大吃一驚，他們沒料到這個小ㄚ頭會這麼快又回來。最後，希拉蕊終於以自己的勇氣贏得了新朋友。在往後的歲月裡，每當遇到困難與挫折時，希拉蕊都會鼓起勇氣，大膽地迎接挑戰。

勇氣格言：

生活中有許多事會讓你感到挫折、傷心、失望甚至想要放棄，但逃避絕對解決不了任何事情，而且你會發現越是逃避這些事情，麻煩越容易發生在你身上。你的勇氣能挑戰任何挫折，退縮只會被挫折打敗。

努力走下去

前蘇聯火箭之父齊奧爾可夫斯基十歲時，染上了猩紅熱，持續幾天的高燒，引起了嚴重的併發症，這場病使他幾乎完全喪失了聽覺，成了半聾。他默默地承受著孩子們的譏笑和無法繼續上學的痛苦。

他的父親是個守林員，整天到處奔走。因此教他讀書寫字的工作就落在媽媽身上。透過媽媽耐心細心的講解和循循善誘的輔導，他進步得很快。可是當他充滿信心地開始自學時，母親卻患病去世了，這突如其來的打擊，使他陷入了極大的痛苦。他不明白，生活的道路為什麼這麼艱難？為什麼這麼多的不幸都落到了他頭上？他今後該怎麼辦？

父親撫摸著他的頭說：「孩子！要有志氣，靠自己的努力走下去！」

是啊！學校不收、孩子們嘲弄，今後只有靠自己了！

年幼的齊奧爾可夫斯基從此開始了真正的自學道路。他從小學課本、中學課本一直讀到大學課本，自學了物理、化學、微積分、解析幾何等課程。就這樣，一個耳聾的人，一個沒有受過任何教授指導的人，一個從未進過中學和高等學府的人，由於始終如一的勤奮自學、刻苦鑽研，終於成了一個學識淵博的科學家，為火箭技術和星際航行奠定了理論基礎。

勇氣格言：

「天行健，君子以自強不息。」客觀世界不斷地向前發展，社會不斷地前進，因此有志者必須不斷地自強，不斷地更新自己。

想要依靠別人來獲取幸福是不現實的，那只能使你的前途一片暗淡；路再遠，再荊棘滿途，只要自己走，勇敢地披荊斬棘，就一定能走到目的地。

居里夫人

一八九五年，瑪麗和居里先生結婚。當時，居里夫婦的工作環境非常艱苦，設備也相當簡陋。就是在這樣的條件下，他們首先發現並提取了放射性元素鐳。在提取和尋找鐳的過程中，居里夫人常常在她的「實驗室」裡搬運成袋的瀝青、礦渣，把它們倒在一口大鐵鍋裡，用粗棍子攪拌。

由於居里夫人只是從理論上推測出了新元素鐳的存在，還沒能在實驗中證實這種推測，所以巴黎大學的董事會拒絕提供她所需要的實驗室、實驗設備和助理人員。她只能在校內一個無人使用四面通風的破舊大棚子裡進行實驗。她工作了四年，最初兩年做的是類似化工廠的粗重工作，不斷地溶解分離。經過一千多個日夜的辛苦工作，原本堆得和小山一樣的八噸礦渣只剩下小器皿中的一點點液體了。再過一會兒，液體結晶成一小塊晶體。按照推論，那應該就是新元素鐳！

然而，當她滿懷希望，抑制住興奮的心情朝那個小玻璃器皿中看時，她看到四年的汗水和八噸的瀝青、礦渣的最後結果，只是一團污跡！並不是一塊結晶體。假如換了別人，也許會很生氣，然後把那個小器皿連同那團污跡摔得粉碎！但是居里夫人沒有。

居里夫人疲倦地回到家。晚上她躺在床上，還在想著那團污跡，想找出失敗的原因：「如果我知道為什麼失敗，就不會對失敗太在意了。為什麼只是一團污跡，而不是一小塊白色或無色晶體呢？那才是我們想要的鐳。」居里夫人像是對自己又像是對居里先生說著。

突然，她眼睛一亮：「也許鐳就是這個樣子，而不像我們預測的那樣是一團晶體。」

他們起身跑到實驗室。還沒等開門，居里夫人就從門縫裡看到了她偉大的發現：器皿裡那團不起眼的污跡，正在黑夜中發出耀眼的光芒。這就是鐳——一種具有極強放射性的新元素！

勇氣格言：

有時候，事情的結果並不會如我們所預期的一樣，但仔細想想——也許那一團「不起眼的污跡」，就是我們夢寐以求的結果。或許到最後真的功虧一潰，但這些過程和經驗才是最大的收穫。

假如你計劃做一件有興趣的事時，突然一分鐘後就做好了，結果也如你預期一樣，這件事好像也會變得沒什麼意思了，是不是？

要相信自己

一天，十二歲的小蒙田和托尼老師在公園裡休憩，感受著這個色彩繽紛美麗動人的季節。這時，一個美麗的故事浮現在他的腦海裡，他講給托尼老師聽，托尼老師鼓勵他寫下來，故事的名字叫「霜的國王」。

後來這篇稿子在第一期波金斯學校的通訊刊物上發表。巧的是這篇稿子卻和另一篇他人的投稿幾乎相同。於是流言開始四散，有人說：「蒙田為了出名，居然剽竊他人的作品。」

蒙田在這種打擊下欲哭無淚，有口難辯。意志變得很消沉，常常晚上做噩夢。托尼老師撫摸著蒙田的肩膀語重心長地說：「蒙田，你一定要堅強，要記住，是你的就是你的，要相信自己！」

小蒙田含著淚點點頭，他從此知道了生活中不僅有陽光還有暴風雨，一定要堅強起來，才能迎接挑戰，戰勝一切。在以後的人生路上，他的確做到了這一點。

後來，蒙田成了享譽世界的文學大師。

勇氣格言：

孩子，做什麼事情都要相信自己。只有相信自己，才能坦然面對外界的打擊和干擾，才能無所畏懼地生活在這個世界上。

王羲之教子

「書聖」王羲之的兒子王獻之七八歲的時候就跟著父親學習書法，他非常羨慕父親寫的字，很希望有一天能趕上父親。剛開始時，他的興趣正濃，練字十分認真，可是時間長了，覺得天天跟筆墨打交道，有點乏味，再加上一天到晚坐在那裡寫呀寫的，累得腰酸背痛，也實在不好受。於是他想，要是有什麼竅門就好了。

一天，他向父親提出了這個問題。王羲之明白兒子的心思，他指著院子裡的十八口大水缸，鄭重地對兒子說：「寫字的祕訣，我全留在這些水缸裡面了，你把這十八缸水寫完，就知道了。」

父親的話激起了王獻之的好奇心，他很想看看水缸底下的祕訣究竟是什麼。

於是，王獻之的興趣又再次點燃起來，面對一口大缸，蘸水磨墨，揮筆臨帖，開始了漫長的學字生涯。

王獻之寫完一缸水，就感到自己的字寫得不錯，自我陶醉到有點飄飄然。一天，他很得意地把寫好的字拿給媽媽看。王夫人端詳了好久，指著一個「太」字的下面說：「只有一點像父親。」

王獻之一聽呆了，原來媽媽指的這一點，正是爸爸在教他寫字時，加在「大」字下面的那一點。

寫了整整一缸水，連一「點」都還沒有寫像。王獻之深深嘆了一口氣，心想：看來路途還長得很。

這時候，王羲之對沮喪的兒子說道：「學書法沒有祕訣可尋，全在於『功夫』二字。功夫是練出來的，不是靠竅門。只要功夫真正練到家，就一定能夠成才。」

他對王獻之講了東漢大書法家張芝「臨池學書，池水盡墨」的故事，說明一個書法家能取得成功，要下多少工夫，花多少代價。他還告訴兒子：「功夫不全在字內，還有些功夫在字外。也就是說，除了練字本身要下苦功以外，還要認真讀書，加強道德修養，完善人格。這些基本素質，都是成為一個大書法家不可缺少的。」父親的教導，使王獻之受到啟發。在父親的嚴格要求之下，王獻之的書法也遠近馳名，與王羲之並列為「二王」。

勇氣格言：

十八缸水寫完，才能成為一個偉大的書法家。可見做一件事得付出多麼大的精力和時間，才能得到非常傑出的成就。「三天打魚，兩天曬網」的人，永遠都無法達到事業的最高境界。

蓋茲的工作

一天，美國西雅圖一所學校的圖書館來了一位小客人，他是來這裡工作的。圖書管理員先為小男孩講解了圖書分類法，然後請他把已歸還給圖書館，卻放錯了位置的圖書放回原處。

小男孩問：「你是偵探嗎？」

管理員回答：「那當然。」

接著，男孩十分認真的在書架迷宮中走來走去，到了休息時間，他已找出了三本放錯地方的書。

第二天男孩來得更早，而且更賣力的找出走失的書。做完一天的工作後，他便請求管理員讓他以正式管理員的身份工作。

又過兩個星期，他邀請管理員到家裡去作客。吃晚餐時，孩子的母親提起他們要搬家了，搬到附近另一個學區的住宅。小男孩聽說要轉校，擔心地說：「我走了誰來整理那些書呢？」

小男孩搬走後圖書管理員一直記掛著他。但沒過多久，他又在圖書館門口出現了，並高興地告訴管理員，那邊的圖書館不讓學生幫忙，所以媽媽又把他轉回這所學校來上學了，爸爸也願意每天接送他。

「如果爸爸不能載我來，我就走路來。」

管理員想：這小傢伙決心如此堅定，則天下無不可為之事。

然而，管理員怎麼也沒想到，他竟會成為電腦時代的天才、微軟公司老闆、美國首富。

這個小男孩就是比爾・蓋茲。

勇氣格言：

在許多傑出人物身上都有一些優秀特質，這些特質也許並不特殊，但他們能一如既往的堅持，當成一種習慣，認真去做，就連微不足道的事情也當作一項事業。小比爾・蓋茲的精神你身上有嗎？

十兩銀與百兩銀

從前有個商人，在外地辦了一批貨，取水路運往內地銷售。船在河中順風行駛，忽然烏雲密布，狂風驟起，大雨傾盆，河水漲得很高。商人走出船艙查看貨物，一股大浪襲向船頭，把他打落水中。商人在水中掙扎呼喊：「救命呀！」

一個漁夫聽到喊聲，急急忙忙把船搖過來救人。商人看到漁夫，大聲喊道：「快來救我，我給你一百兩銀子。」

漁夫把商人救起來，送進船艙，商人換好了衣服，拿出十兩銀子送給漁夫，說：「拿去吧，這十兩銀子夠你辛苦半年了。」

漁夫不接銀子，看著商人說：「剛才你在水中承諾說，把你救起來給一百兩銀子，而不是十兩。」

商人滿臉不高興地說：「你也太不知足，你一天打魚能掙幾文錢？現在一下子撈了十兩銀子，不少了。」

漁夫說：「你剛才就算不給一百兩銀子，我也會救你一命，但你既然說要給一百兩，我希望你不要失信。」

一年後，商人又辦了批貨，碰巧在河中與漁夫相遇。兩個人都想起了去年那件不愉快的事。

商人說：「我給了你十兩銀子，你為什麼不用來當本錢？」正說著說著，商人的船突然觸上了礁石，船艙進水，漸漸下沉。商人急得團團轉，大聲對漁夫說：「快來救我，這次我給你一百兩銀子，保證絕不失信。」

漁夫搖櫓從商人旁邊划過去，回過頭不急不徐的說：「你儘管喊信得過你的人來救命吧，我可不要你的銀子。」很快，商人隨著沉船在滔滔河水中消失了。

自古以來，人們就把「信用」二字看得很重，一個人可以在一時之間欺騙所有人，也可以用所有時間欺騙一個人，但不可能在所有時間欺騙所有人。商人因為不講信用而丟掉了性命，想後悔也來不及了！

勇氣格言：

遵守諾言是一種美好的品德。違背諾言、不守信用的人得不到別人的尊重，做什麼事情都會碰壁。因此，當我們許下諾言的時候，要非常真誠地對待。在現在社會上我想最有價值的東西，不是金錢也不是股票或黃金，應該是信用這兩個字。

誠者為王

很久以前，有一個國王因賢明而深受國民愛戴，可是他年事已高，又沒有孩子，所以他決定選一個誠實的孩子做他的繼承人。

這天，國王請人發一粒花種給每個孩子，並當眾宣佈：「誰能用這粒種子培育出最美麗的花朵，誰就可以成為王位的繼承人。」

孩子們都夢想能夠成為繼承人，於便從早到晚，澆水、鬆土、施肥，精心地培育自己種下的種子。

有一個名叫金波的男孩也在家裡種下了他的種子，但是好多天過去了，花盆裡不見動靜。金波扒開泥土一看，發現種子依然如舊，沒有發芽。金波很難過，問母親這是怎麼回事。

母親說：「你將花盆裡的土壤換一換，然後再試試看。」金波按照母親的建議，換了新的土壤，播下了種子，又過了好多天，種子依然沒有發芽。

到了國王上街看花的那一天，孩子們一個個都打扮得漂漂亮亮湧上街頭，各自捧著一個花盆，等候國王一一觀賞捧在手中的花盆。盆裡的花卉爭奇鬥妍，令人賞心悅目。但國王卻板著面孔，臉上沒有一絲笑容。

突然，國王看見站在一邊的金波，他低著頭，流著淚，手裡端的是一個空花盆。國王把他叫到跟前問：「你的花盆裡怎麼沒有花呢？」

金波一邊流著淚，一邊說出了他培育那顆種子的經過。

國王聽了，高興地拉著金波的雙手，向大家宣佈：「這就是我選中的兒子。我發給大家的都是煮熟的種子，只有這個叫金波的小孩才是誠實的。」

勇氣格言：

誠實讓金波得到了王位，故事中誠者為王，而在我們的現實生活中也是如此。很多時候，我們常常埋怨種種不公平，為什麼一樣的學習，別人可以得到許多耀人的榮譽，而自己仍然是沒沒無聞。從小到大，我們的長輩都教導我們要誠實，不要撒謊，但我們真正做到的又有多少呢？誠實是一種品德，不應該因一時的貪婪或虛榮而將它拋於腦後。

真誠地對待生活，生活也將真誠地對待你。誠者為王，我們堅信這不僅僅是個簡單的小故事，終有一天，我們也會因誠實而成為王者。

努力嘗試

一九三二年，男孩八年級畢業。因為是黑人，他只能到芝加哥讀中學，家裡沒有那麼多錢，那時母親決定讓男孩先休學一年，她則為五十名工人洗衣、熨衣和做飯，存錢讓孩子上學。

一九三三年夏天，家裡湊足了那筆錢，母親帶著男孩踏上火車，奔向陌生的芝加哥。在芝加哥，母親靠當傭人謀生。男孩以優異的成績中學畢業，後來又順利地讀完大學。

一九四二年，他開始創辦一份雜誌，但最後一道障礙卻是五百美元的郵費，沒有這筆錢，就無法發函給訂戶。一家信貸公司願意借貸，但條件是必須以一筆財產作為抵押。母親曾分期付款很長時間買了一批新家具，這是她最心愛的東西，但她最後還是同意將傢俱作為抵押。

一九四三年，那份雜誌終於獲得成功。男孩終於可以做自己夢想多年的事業了，他告訴母親她可以退休，再不用那麼辛苦工作了。那天，母親哭了，男孩也哭了。

後來，遇上不景氣，男孩經營的一切彷彿都墜入谷底。面對巨大的困難和障礙，男孩覺得已無力挽救。他心情憂鬱地告訴母親：「媽媽，看來這次我真的要失敗了。」

「兒子，」她說，「你努力試過了嗎？」

「試過。」

「非常努力嗎？」

「是的。」

「很好。」母親果斷地結束了談話，「無論何時，只要你努力嘗試，就不會失敗。」

果然，男孩渡過了難關，攀上了事業的新巔峰。這個男孩就是馳名世界的美國《黑人文摘》雜誌創始人、強森出版公司總裁、擁有三家無線電台的約翰・強森。

勇氣格言：

強森的經歷告訴我們：命運全掌握在自己手上，奮鬥就有希望。努力嘗試，幸運女神就會眷顧你。而失敗只有一種，那就是放棄努力。放棄努力，也就意味著放棄自己。放棄自己，那又談何成功呢？

捏花生

失意的年輕人向一位哲人請教成功的祕訣。哲人遞給他一顆花生說：「用力捏它。」

年輕人用力一捏，花生的殼便碎了，剩下了花生仁。

然後，哲人又叫他再搓。結果，紅色的皮也被搓掉了，只留下了白色的果實。

哲人再叫他用力捏捏看，年輕人迷惑不解，但還是照著做了。可是，不論他如何用力，卻怎麼也捏不碎這粒花生仁。哲人叫他再捏，結果仍然是徒勞無功。

最後，哲人語重心長地告誡年輕人：「雖然屢受打擊與磨難，失去了很多東西，但始終都要擁有一顆堅強不屈的心，這樣才會有美夢成真的希望。」

勇氣格言：

很多人一時間失意了，受到挫折了，或者失去了一些珍貴的東西，於是就心灰意冷地放棄了。甚至只是差了那麼一點點，也不願意再努力一下，就那麼輕易地半途而廢。這些人總是怨天尤人，卻很少想過是否替自己打造了一顆堅強不屈的心。

登峰

甲乙兩人去攀登一座大山，到了半山腰時，汗水把衣服浸濕了。這時他們發現有座涼亭，便進去休息。

在陣陣涼風中，他們感到格外舒服，於是甲再也不願意走了，對乙說：「攀到了頂峰，又有什麼好處？得忍受很多辛苦，花費很多力氣，我不上去了。」

乙說：「不是講好了要登上頂峰嗎？」

「算了吧，這裡的風景很好，我滿足了。」甲坐著，一動也不動。

乙只好一個人繼續往上攀登。他又流了一身汗，終於到達了頂峰，看到了比在半山腰更加壯麗的風景。

對於真正的攀登者來說，不能到達頂峰的攀登是完全沒有意義的，因為登高

的意義就在於享受那一刻極目於絕頂的快樂。這是那些沒有毅力的人永遠不能得到的滿足。因為陶醉於一滴水的美麗，就不可能目睹大海的壯觀。

勇氣格言：

如果只是因為不喜歡或有點困難就輕易放棄，那最終什麼都不會得到。有毅力的人，他會堅持地把事情做到底。而沒有毅力的人，遇到一點點困難，就很輕易地選擇放棄。

堅強的毅力和耐心，是我們戰勝困難最強有力的武器，有時候還會引發驚人的力量。只要保持著堅強的毅力和耐心，即使看上去根本不可能的事，最後也會成功。

六點鐘準時到

小男孩希望得到送報紙這份工作。雖然這意味著每天天一亮就得起床，騎上自行車在各處投遞報紙。但一個星期可以得到六美元，如果做得好，還會得到可觀的小費。

為此，小男孩必須要去見布頓先生，「那是一個挑剔的老頭。」凡是認識他的人都這樣說。

布頓先生是一個嚴肅的老人，不喜歡多說話，當他看到小男孩的時候，只是說了一句：「明天早上六點鐘這裡見，明白了嗎？」

「好的，布頓先生，我一定準時到。」小男孩答道。

「還好，這裡離家還不算遠，我可以早一點起來的。」小男孩這麼想著。

可是他不知道，天氣預報說明天會下雨。

第二天真的下雨了，起得很早的小男孩看著外邊的雨，耳邊響起了與布頓先生的約定，答應的事情就一定要做到，他決定遵守諾言。

他披上雨衣，出了門，當他在六點鐘準時到達的時候，布頓先生已經在那裡了，「小傢伙，你還真守時！」布頓先生說。

「既然我答應過您，就絕不食言！」小男孩認真地回答道。

「好吧，小伙子，你得到這份工作了。」布頓先生高興地說，「小伙子！準時是非常重要的，人們希望報紙在早晨六點鐘的時候就放在門前。」

「一旦承諾了別人，就一定要守信，否則別人就不再會信任你！沒有人信任你的話，那麼你做任何事都不會成功的。」布頓先生和藹地對小男孩說道。

勇氣格言：

缺乏誠信會使我們的生活大受影響。首先我們不再相信別人，多疑會使很多機會從我們身邊溜走；其次別人不再相信我們，因為良心和榮譽已經變得一文不值。

對待你自己許下的承諾，應當像對待生活中最重要的人一樣認真，盡你所能，全心全意去完成它。

2

命運之神

有時面對現實，比面對死亡更需要勇氣！

兩元的承諾

有個小女孩，曾遇上一個男生開口向她借錢，而且每次開口就是借兩元。在當時，這些錢等於是女孩兩個月的零用錢。女孩有些猶豫，因為人人都知道那男生家很貧窮，他母親彷彿是個職業孕婦，每年都為他生一個弟弟或妹妹。

女孩的為難令那男生難堪，他低下頭，說那錢有急用，又說保證五天內歸還。女孩不知怎麼拒絕，只得把錢借給了他。

時間一天一天過去，到了第五天，男生竟沒有來上學。整個白天，女孩都在心裡責怪他，罵他不守信用，心情糟糕透了，只想哭。

直到夜裡女孩快要睡著時，忽然聽到窗外有人叫她。打開窗，只見窗外站著那個男生，他的臉上淌著汗，手緊緊握著拳頭，啞著喉嚨說：「看我變戲法！」

他把拳頭擱在窗台上，然後突然鬆開，手心裡像開了花似的攤開了兩元的紙幣。

女孩驚喜地叫起來，他也開心地笑了，彷彿他們共同完成了一件事，讓一塊懸在心上的石頭落了下來。他反覆說：「我是從車站那裡一路跑過來的。」

後來，女孩從那男生的獲獎作文中得知，他當時借錢是為了替血糖過低的母親買葡萄糖，為了如期歸還借款，他天天夜裡都到車站旁幫攤販推菜。

到了第五天早晨他終於賺足了兩元，可是累極了的他，倒在路旁睡著了，沒料到竟酣睡了一整個白天。醒來後他就開始狂奔，所有的路人都猜不透這個少年為何十萬火急地穿行在夜色中。

那個男孩後來成就了一番事業，也許他早已遺忘了小時候發生過這件事，可是那一諾千金的態度一直伴隨著他走向成功。

勇氣格言：

承諾是責任，信守承諾是一種難能可貴的美德，而且是無法用金錢來衡量的。故事中小男孩為了履行自己的承諾，不怕吃苦受累，終於將兩元還給了女孩。當然，這兩元對男孩來說是寶貴的，因為得到它是多麼的不容易。但更可貴的是在這兩元背後的態度，那就是信守承諾，還有在信守承諾背後，那一顆支持著他的感恩之心。

品德考試

期末考試的最後一天，在教室前的台階上，一群即將畢業的高年級學生擠成一團，正在討論幾分鐘後就要開始的考試，這是他們最後一次的考試。

老師走了進來說：「這是最後一次考試，你們可以帶著書或筆記本，但不能彼此交談。教室裡需要保持安靜。祝你們順利。」說完，教室裡立刻安靜下來。

當老師把試卷分發下去，學生們注意到只有五道申論型的考題時，臉上的笑容更燦爛了。

「太簡單了，看我們誰做得最快？」大家互相笑著。

但兩個小時過去了，沒有人提前交卷。老師開始收試卷。學生們看起來不再自信了，他們的臉上呈現緊張的表情。

教室裡更加安靜了。老師俯視著這些焦急的面孔，然後問：「完成五道題目的有多少人？」

沒有一隻手舉起來。

「完成四道題的有多少？」

仍然沒有人舉手。

「三道題？兩道題？」

學生們不安地在座位上扭來扭去。

「那麼一道題呢？肯定有人完成一道題的。」老師最後問道。

但整個教室依然沉默。

老師放下了試卷，「這正是我期望得到的結果。」他說。「親愛的同學們，各位手裡的試卷，對於你們來說，確實比較困難，因為這些問題大家根本就沒有接觸過。」他接著說，「所以沒有做出來，一點都不奇怪。相反，如果有人做出來，反而會讓我感到驚訝。」然後他微笑著補充道，「但是，我很高興，因為你們每一個人都通過了這次考試，一次有關品德的考試，那就是『誠實』。很高興你們沒有讓我失望。

「在這個最後的時刻，我要說的是希望各位能一直保持這種品德，因為大家很快會發現，這會帶來幸福和快樂！」

隨著時間的流逝，老師的名字或許已經被遺忘，但是這堂課卻沒有一個學生遺忘。

勇氣格言：

亞里士多德認為，心靈的高尚之處在於能公開說出自己的愛恨，能十分坦誠地評論各種事情，能為了具理不顧別人的贊成或反對。那些沒完沒了地說謊和弄虛作假的人，他們唯一能獲得的好處，就是即使講了實話，大家也不會信任他們。因為再美的謊話也只能欺騙別人一次兩次，多了就沒人相信了。

誠實是通往成功的車票，堅守誠實你將無往不利。

面試

有一個公司招聘員工，面試的時候總經理出了一道算術題：「十減一等於幾？」

有的應試者說：「你想讓它等於幾，它就等於幾。」

還有的說：「十減一等於九，就是消費；十減一等於十二，那是經營；十減一等於十五，那是貿易。」

只有一個應試者回答：等於九。結果這個老實人被錄用了。

如果是你，你會怎樣回答？是不是感覺輕易說出答案，會顯得自己很愚蠢、智商低？

勇氣格言：

在現實生活中，的確有人把「誠實」視為「愚蠢」。認為誠實就是傻的人，把誠實與狡猾的意義完全顛倒了。

只是一個簡單的問題，卻被千奇百怪的答案搞得十分複雜。因此請記住，堅守誠實才是最可貴的美德。

門鎖

一位女記者去外地採訪，時間很晚了，前不著村，後不見店，只好在一座寺廟裡借宿。

方丈把女記者帶入一間客房：「施主，請在這兒休息吧。」

女記者四下看了看，靦腆地說：「這門沒有鎖。」

「阿彌陀佛，」方丈雙手合十，意味深長地答道，「施主，沒有門鎖卻有心鎖，心鎖才是真正的鎖。」

世間的門鎖千萬種，再高級的門鎖，鎖得了君子，鎖不住小人；鎖得了別人，鎖不住自己。只有心鎖，才是最保險的鎖，不僅鎖得住妖魔，而且鎖得住邪念。

朋友曾告訴我一個真實的故事：

吳先生十分清楚地知道自己的妻子有外遇，可是，由於事情做得十分有分寸，因此吳先生一直保持沉默。有個晚上，吳先生走進妻子臥室，這是他五年來第一次走進她的房間。

她吃了一驚。

吳先生對她說：「你就呆在床上，我坐在這把扶手椅上讀書過夜吧。我聽說你懷孕了，我來這裡是想陪陪你們。」

她哭了，非常內疚地說：「我實在對不起你……你專心忙事業，我在寂寞和孤獨中與他相識……有天中午，我正午睡，忘記了鎖門，他悄悄地走進了我的房間……」

吳先生淡淡地說：「關鍵還是在於『把心鎖，正如五年來的我，正如今夜陪坐在你床邊的我。」

勇氣格言：

有時候是孤獨寂寞和痛苦使我們鎖住心鎖，封閉自我，有時又是因為想得太多而導致許多不愉快的情感乘虛而入。人生的道路漫長，關鍵的只有幾步。打開心扉，才能得到有益的指導和幫助。

掌控天氣

農夫的收成常常由天氣決定。也許春天風調雨順，以為今年會豐收，不料到了夏天卻偏偏一直不下雨，收穫自然就比預想中的少；有時正在為麥子受災而苦惱，哈密瓜卻結出了纍纍的果實。雖然農夫每年都祈求豐收，而真正有好收成的時候並不多。

農夫再也忍受不住了，他對地神抱怨：「你真的能保證我們享受太平嗎？我看未必！我明明虔誠地祈求，怎麼又和去年一樣沒有收成？如果我是你，我會好好地計劃雨天和晴天，讓大家年年豐收。也許你根本就聽不進我的話，但是，如果能夠讓我控制天氣，我就會……」

地神說：「好吧，那你就自己試試看。」

農夫高興地說：「我現在需要雨……」話還沒有說完，他田地的上空果真下起雨來了。

他又試了一次：「出太陽！」雨停了，陽光和煦地照射著田地。

年輕的農夫能夠自由掌控天氣，於是他高高興興地開始工作。首先，耕田播種，種子播完之後，他說：「下雨！」立刻就下起了雨，一直下到他喊停為止，然後讓太陽出來曬暖田地，沒有幾天，芽就冒出來了。到這裡為止，一切都很順利。

農夫不斷地下令下雨或者放晴，自己完全掌控著天氣。為了讓秧苗長得更快點，他就把陽光加強了許多，直到看到秧苗快要枯萎了，便又急忙命令下大雨。因為急著回家，他忘了停止降雨。

一年下來，別人都和往常一樣收穫到糧食，年輕的農夫卻為了操控天氣而費盡心力，不是陽光太強，就是雨水太多，結果一無所獲，反而筋疲力盡。

他感覺自己再也無力掌控天氣了，就把改變天氣的權力歸還給了地神。

勇氣格言：

社會環境對每個人總是公平的，不要認為自己的困難比別人的多，自己的能力比別人的強，自己的付出比別人多，而收穫卻比別人少。

五萬人的名字

吉姆・佛雷十歲那年，父親就意外去世了，留下他和母親及另外兩個弟弟。由於家境清寒，他不得不很早就輟學，到磚廠打工賺錢貼補家用。他雖然學歷有限，卻憑著愛爾蘭人特有的熱情和坦率，處處受人歡迎，進而轉入政壇。

連高中都沒讀過的他，四十六歲那年卻已有四所大學頒給他榮譽學位，並且高居民主黨重要職位，最後還擔任郵政部長之職。

有一次，記者問起他成功的祕訣，他說：「辛勤工作，就這麼簡單。」

記者有些疑惑，問道：「你是不是在開玩笑！」

他反問道：「那你認為我為什麼成功呢？」

記者說：「聽說你可以一字不差地叫出一萬個朋友的名字。」

「不，你錯了！」他馬上回答道，「我能叫得出名字的人，至少也有五萬人。」這就是吉姆‧佛雷過人的地方。每當剛認識一個人時，他一定會先弄清對方的全名、家庭狀況、所從事的工作以及政治立場，然後依此先建立一個大概的印象。當他下一次再見到這個人時，不管隔了多少年，一定仍能迎上前去在對方肩上拍拍，噓寒問暖一番，或者問問他的老婆孩子、最近的工作情況。有這份能耐，難怪別人覺得他平易近人，和藹可親。吉姆很早就已發現，牢記別人的名字，並正確無誤地叫出來，對任何人來說，表現出來的是一種尊重、友善。

勇氣格言：

想要獲得尊重，必先尊重別人，這是一個很簡單的道理。想讓自己在工作和生活中大受歡迎，首先就得讓別人感覺你很歡迎他、很在意他，尤其在職場更是如此。

兔子跳河

兔子的膽小是出了名的，一點風吹草動就經常讓牠們嚇個半死。

有一次，許多兔子聚集在一起，為自己的膽小無能而難過，悲嘆自己的生活中充滿了危險和恐懼。

牠們越談越傷心，就好像已經有許多不幸發生在自己身上一樣。到了這種地步，負面的想法便無止境地湧現出來。牠們埋怨自己天生不幸，既沒有力氣和翅膀，也沒有牙齒，日子只能在東躲西藏中度過，就連想要拋棄一切大睡一覺，也有一對什麼都聽得見的長耳朵阻撓。想到這，原本赤紅的眼睛變得更加鮮紅了。

牠們覺得這是一種毫無意義的生活，與其一生心驚膽顫，還不如一死了之。

於是，牠們一致決定從山崖跳下去了結自己的生命，結束一切煩惱。就這樣決定了，於是牠們一齊奔向山崖，想要投河自盡。這時，湖邊正蹲著一些青蛙，聽到急促的腳步聲，如臨大敵，立刻跳到水裡逃命去了。

這時，有一隻兔子突然想通了什麼，牠大聲地說：「快停下來，我們不必嚇得去尋死，因為我們現在就可以看見，還有比我們更膽小的動物呢！」

這麼一說，兔子們的心情豁然開朗起來，心裡好像產生了一股勇氣，於是牠們歡天喜地回家去了。

勇氣格言：

不要為我們現在的遭遇埋怨命運的不公。實際上，世界上還有很多比我們更不幸的人，想想那些更不幸的人仍舊堅強地活著，我們又為什麼不能呢？

危險

一個人在森林中穿行時，突然遇見了一隻飢餓的老虎，老虎大吼一聲就撲了上來。他用最快的速度逃開了，但是老虎緊追不捨，他一直跑一直跑，最後被老虎逼到了懸崖邊。

站在懸崖上，他想：「與其被老虎捉到，活活被咬死，還不如跳入懸崖，說不定還有存活的可能。」

他縱身跳下懸崖，非常幸運地卡在一棵樹上。那是長在斷崖邊的梅樹，樹上結滿了梅子。

正在慶幸之時，他聽到斷崖深處傳來一聲巨大的吼聲。往崖底望去，原來有一隻兇猛的獅子正抬頭看著他，獅子的聲音使他更害怕。但轉念一想：「獅子與

老虎是一樣的猛獸，被什麼吃掉，都是一樣的。」

剛放下心，又聽見了一陣聲音。仔細一看，兩隻老鼠正用力地咬著梅樹的樹幹。他先是一陣驚慌，但馬上又放心了，他想：「被老鼠咬斷樹幹跌死，總比被獅子咬死好。」

情緒平復下來後，他看到梅子長得正好，就採了一些吃起來。他覺得一輩子也沒吃過那麼好吃的梅子。他找到一個安穩的樹枝休息，心想：「既然遲早都要死，不如在死前好好睡上一覺吧！」於是靠在樹上深深地睡去了。

睡醒之後，他發現老鼠不見了，老虎和獅子也不見了。他順著樹枝，小心翼翼地攀上懸崖，最終脫離了險境。原來就在他睡著的時候，飢餓的老虎實在忍耐不住了，終於大吼一聲，跳下了懸崖。

老鼠聽到老虎的吼聲，驚慌地逃走了。跳下懸崖的老虎與崖下的獅子展開激烈的打鬥，最終兩敗俱傷逃走了。

勇氣格言：

生命中會有許多險象叢生的時候，困難危險像死亡一樣無法避免。既然無法避免不如放下心來安享現在擁有的一切，懂得知足常樂、隨遇而安，你在無意中就會享受到生命的可貴。

過橋

有一處地勢險惡的峽谷，澗底奔騰著湍急的水流，而所謂的橋則是幾根連接在懸崖峭壁間光禿禿的鋼索。

一行四人來到橋頭，一個盲人、一個聾子，以及兩個耳聰目明的正常人。四人一個接一個抓住鐵索，凌空向前走。

結果呢？盲人、聾子過了橋，其中一個耳聰目明的人也過了橋，另一個卻跌下深淵喪了命。

難道耳聰目明的人還比不上盲人、聾人嗎？

是的！他的弱點正是因為耳聰目明。

盲人說：「我眼睛看不見，不知山高橋險，心平氣和地攀索。」

聾人說：「我耳朵聽不見，聽不到腳下咆哮怒吼，恐懼相對減少很多。」那個過了橋的耳聰目明的人則說：「我過我的橋，險峰與我有什麼關係？激流與我何干？只管注意腳下穩固就夠了。」

勇氣格言：

積極地面對周圍的環境，不要被虛張聲勢所嚇倒。要知道，很多的恐懼都是自己嚇自己而已，唯有一顆坦然面對而又積極進取的心才可排除虛張聲勢對你的威嚇。

天意

有一位做生意的少年，剛從城裡完成一筆大買賣，身上帶著大筆的金錢騎著馬趕路回家。

這幾天的天氣一直晴朗，不知怎的走到半路，忽然雷雨大作，將他淋成了落湯雞，他漸漸心生不滿，心想一定是老天爺故意刁難他。

少年一邊趕路一邊避雨，走一會兒停一會兒，經過一處茂密的樹林時，突然跳出了一位強盜，手中握著一把老式獵槍對準少年。

強盜威脅他說：「快把身上的錢全部交出來！否則我一槍打死你。」

「我和你無冤無仇，請不要傷害我，請你不要開槍。」少年慌張地乞求著。

強盜威風凜凜地說：「我是這片森林的老大，想從這裡走過的人都要留下買路錢，看你是要留下命還是留下錢。」

這時，突然一聲雷響，少年的馬匹受了驚嚇，馬兒發出一陣嘶鳴，強盜想威嚇少年，於是對空鳴槍，沒想到槍竟然沒響。少年眼看機不可失，當下連忙快馬加鞭，逃離那片樹林，最後終於逃脫了強盜的追擊。

少年不由地出了一口氣，自嘲地說道：「唉！剛剛還抱怨老天爺下大雨故意刁難我，如果天氣晴朗的話，強盜的彈藥沒有潮濕，我一定難逃殺身之禍。」

勇氣格言：

人生不如意事十之八九，若你的想法是積極樂觀的，縱使不順遂之事頻頻發生，亦能逢凶化吉。同時只要不違良心，踏實誠懇，一切自有天時、地利、人和的相助。

決鬥

有一天，一頭豬走進深山。在山野中忽然遇見一頭獅子。

獅子看見豬，傲慢地吼道：「我是百獸之王，趕快奉上命來。」

那頭豬回答道：「讓我奉上命，那怎麼可能呢？如果要與我決鬥，我一定奉命相陪。不過，請你稍微等一等，我要去披上我的鎧甲。」

這時，獅子感到不可理解，說道：「難道你是什麼皇家貴族嗎？報上名來，看看是誰膽敢和我挑戰？你既然要披鎧甲，就隨你披去吧。」

這時，那頭豬立即朝一個大糞坑裡一跳，滾了一身穢物，重新走到獅子面前說：「來，我們來決鬥吧！」

獅子一看，實在是臭的讓他沒法下嘴，於是說：「我是百獸之王，常以羊鹿等獸類為食物，稍稍差一點的我都懶得吃，何況你這種不乾淨的髒東西。如果與你決鬥，實在是有損我萬獸之王的名號。」

勇氣格言：

強者有強者的弱點，弱者有弱者的強項。弱者在劣勢中包含著優勢，沒有名氣，也就沒有面子的問題，沒有包袱，就可以放手一搏，採取有效方法，達到目的。

信任

一個犯人外出服勞役時，撿到了一千元，他毫不猶豫地交給了警察。可是，警察卻輕蔑地對他說：「你少來這一套，用自己的錢賄賂我，企圖減刑，你們這些人就是不老實！」

囚犯心灰意冷，心想這世界上再也不會有人相信他了。於是到了晚上，他越獄了。

亡命途中，他大肆搶劫錢財，準備逃亡之用。在搶得足夠的錢財後，他便乘上開往邊境的火車。

火車上很擁擠，他只好站在廁所旁。就在這時，一位十分漂亮的小姐走進廁所，關門時卻發現門關不上了。她走出來，輕聲對他說：「先生，你能為我把門嗎？」

他一愣，看著小姐純潔無邪的眼神，點點頭。女孩紅著臉進了廁所。而他就像一位忠誠的衛兵一樣，嚴格把守著門。

在這一剎那間，他突然有了一個主意。下一站，他下車到車站派出所投案自首了。

這是一個聽來的故事，但我相信它是真的。因為這世界上，信任是一種彌足珍貴的東西，沒有人能夠用金錢買得到，也沒有人可用利誘和武力爭取得到。它來自於一個人的靈魂深處，是活在靈魂裡的清泉，可以挽救靈魂，讓心靈充滿純潔和自信。

勇氣格言：

信任是架設在人心的橋樑，是治療心靈的良藥，警察對犯人的不信任，使得犯人萬念俱灰，自暴自棄，最終越獄逃跑；而小姐對犯人的信任，卻讓犯人良知頓回，幡然醒悟，決心認罪。信任的力量可以在別人心中產生強大的精神動力，哪怕對方是個十惡不赦的歹徒。

請不要戴著有色眼鏡看人，對別人多一份信任多一分寬容，我們的世界會更美好。

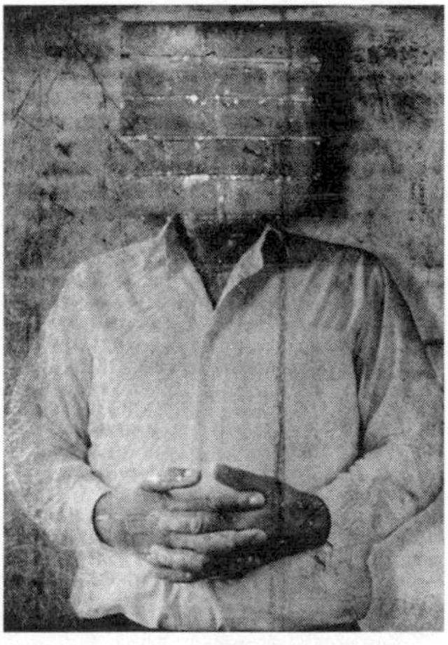

後悔有用

我記得看過一部紀錄片，內容是關於死刑犯。這是一個二十五歲的男子，因為女友要和他分手，且執意不肯與他和好，於是他便殺了她。

「你後悔嗎？」記者問他。

「不。」他說。

「為什麼？」

「為什麼要後悔？」他一臉漠然，「後悔沒用。」

記者沉默，鏡頭淡出。我的心裡突然湧起一種奇怪的感覺。犯了這樣一個極端的錯誤，他居然說不後悔。

因為，後悔無用。

後悔真的無用嗎？

當然，後悔的往往是一件發生過的事情。昔日不能重現，往事不能重來。從這個意義上講，後悔僅僅是一種追隨往事的情感，它沒有魔力去改變往事。但是我覺得，說後悔無用的人至少忽略了兩個事實：一，後悔對未來有用；二，後悔對心靈有用。

關於悔，字典中的組詞有「悔改」，指認識錯誤並加以改正。有「悔過」，指承認並追悔自己的錯誤。有「悔悟」，指認識到自己的過錯，悔恨而醒悟。所有的前提，都是起始於已經明白過去的錯誤，所有的「悔」，都是告誡自己未來不可以再犯相同的錯誤。如果不悔，怎麼能真正地悔改、悔過、悔悟呢？即使真的像那位死刑犯一樣，已經沒有未來了，後悔在精神上也會產生一種清洗作用。只有懂得後悔，才能夠在生命逝去的同時，讓自己的良知獲得真正的寧靜和平安。

因此，我一直覺得，從某種意義上來說，悔也是一種美。就像暗夜裡的一盞燈，它會反映出人心深處最隱祕的慈悲和善。所以，無論罪孽多麼深重的人，只要聽到他真心吐出一個悔字，我都會為他感到欣慰。

勇氣格言：

人生中，有時會誤入歧途，甚至出現不良的行為。當這些行為已被公眾和社會揭露，那麼補救的途徑只有一條，就是悔改。這是一種自我反省，也是洗刷心靈污垢的清潔劑，是自我的昇華。

悔，需要勇氣，只要對自己稍微有一點寬容之心，那麼追悔就會失去本意；悔，需要學識，只有建立在紮實的認識，以及理解的基礎上，才能實現追悔的目的。與其低著頭埋怨錯誤，不如昂起頭糾正錯誤。

窗

夏日傍晚，一個美麗的少婦投河自盡，被正在河中划船的白鬍子船夫救了起來。

「妳年紀輕輕，為什麼想不開呢？」船夫問。

「我才結婚一年，丈夫就拋棄了我，活著還有什麼意思呢？」少婦哭訴道。

「那麼我問你，你一年前是怎麼過的呢？」

少婦回憶起自己一年前的時光，忽然眼睛一亮：「那時我自由自在，無憂無慮，對生活充滿了希望。」

「那時你有丈夫嗎？」

「當然沒有啊！」

「那麼，你不過是被命運之船送回到了一年前，現在你又自由自在，無憂無慮了，你並沒有失去什麼呀！」

少婦想了想：「真的呢！我怎麼和自己開了這麼一個大玩笑呢？」

勇氣格言：

與好朋友交往，好比是打開一扇窗，似縷縷清新的空氣徐徐吹來。本來很麻煩的事情，聽聽看朋友有什麼建議，會怎樣處理，這對自己未必不是一種啟迪和激勵。當然，當窗外的空氣過於渾濁時，大可把這扇窗關上。

忘記痛苦，尋找快樂，走出困境，樹立自我。人總是很容易被俗事纏身，或一時遭到蒙蔽，只要反過來看，就會豁然開朗。有人說：「當一扇窗戶關上了，一定還有另一扇窗戶為你敞開。」

稀世珍寶

一個生長在孤兒院的男孩常常悲觀而又感傷地問院長：「像我這樣沒人疼沒人愛，活在世上還有什麼意思？」

院長總是笑而不答。

有一天，院長交給男孩一塊石頭說：「明天早上你拿這塊石頭到市場上去賣，但不是真賣。記住，無論別人出多少錢，絕對不能賣。」

第二天，男孩蹲在市場角落，意外地有許多人向他買那塊石頭，而且價錢越出越高。

回到孤兒院，男孩興奮地向院長報告。院長笑笑，要他明天拿到黃金市場上去叫賣。在黃金市場，竟有人出比昨天高十倍的價錢要買那塊石頭。

最後，院長叫男孩把石頭拿到寶石市場去展示。結果，石頭的價錢比前一天又漲了十倍，由於男孩不論多少錢都不賣，那顆不起眼的石頭竟被傳為「稀世珍寶」。

男孩興沖沖地捧著石頭回到孤兒院，將這一切稟報院長。院長望著男孩，慢慢地道：「生命的價值就像這塊石頭一樣，在不同的環境中就會有不同的意義。一塊普通的石頭，由於你的珍視，它的價值由一文不值變成稀世之寶，這不正是你的真實寫照嗎？只要看重自己，自珍自愛，生命就有價值。」

遺憾的是，不少人因為看輕了自己，自暴自棄，不思進取，甘於平庸，而一生虛擲。

勇氣格言：

如果你沒有足以炫耀的出身，沒有令人艷羨的家庭，沒有生活無憂的境遇，請不要為這些而感傷。難道只因為這樣你就甘於平庸，不思進取了嗎？

生活不如意時，你能在不如意中發掘自己的長處，實現人生的價值嗎？一塊平凡無奇的石頭，竟能身價百倍，傳為「稀世珍寶」。這個故事告誡我們，任何時候都必須自珍自愛，要勇於戰勝人生路上的最大敵人——自我；自暴自棄，不思進取，甘於平庸只會虛擲一生。

由此可見，每個人都沒有理由妄自菲薄，要自信、自強、做生活的強者。

尋寶

傳說在浩瀚無際的沙漠深處，有一座埋藏著許多寶藏的古城。想要獲取寶藏，就必須穿越沙漠，戰勝沿途數不清的機關和陷阱。

很多人對沙漠古城裡這批價值連城的財寶心嚮神往，卻又沒有足夠的勇氣和膽量征服沙漠，以及古城中危機四伏的陷阱。這批珍寶，就這樣在古城裡埋藏了一年又一年。

有天，一個勇敢的人聽爺爺講述這個神奇的傳說之後，便決定去尋寶。他準備了乾糧和水，獨自踏上漫長的尋寶之路。

為了在回程的時候不迷失方向，這個勇敢的尋寶人每走一段路，便會製作一個非常明顯的標記。雖然每進一步都充滿艱險，勇士最終還是走出了一條路。就在與古城遙遙相望的時候，勇士因為希望就在眼前，過度興奮，一失足跌進了爬滿毒蛇的陷阱，頃刻間便成為毒蛇的美食。

沙漠再次陷入寂靜。

過了許多年，終於又來了一位勇敢的尋寶人。他看到前人沿途留下的標記，心想：「這一定是有人走過的，既然標記在延伸，說明指路人安全地走下去了，這條路一定沒錯！」沿著標記走了一大段路，他欣喜地發現路上果然沒有任何危險。

他放心大膽地往前走，越走越高興，一不留神，也落進同樣的陷阱，成了毒蛇的美食。

最後走進沙漠的尋寶人是一位智者。他看著前人留下的標記想：「這些標記可不能輕信。否則，尋寶者為什麼都一去不返了呢？」智者憑藉著智慧，在浩瀚無際的沙漠中重新開闢了一條道路。他每一步都小心翼翼，穩紮穩打。最終，這位智者戰勝了重重險阻抵達古城，獲得寶藏。

勇氣格言：

前人走過的路，並不一定通往成功。不可迷信經驗，已被踏平的大路盡頭，絕沒有價值連城的寶藏供你們挖掘。即使原來真有寶藏，那也早已經被那些更早踏上這條道路的人帶走了。尋寶，就是尋夢，亦是尋找自己。走好腳下的每一步路，用真誠、用信念、用智慧、用奮鬥，或多或少我們都會收穫人生的體驗。而這些，正是我們所要尋找的寶藏。

五次面試

一個年輕人來微軟應徵，總經理覺得很奇怪，上下打量著這位年輕人，因為公司從未刊登過任何招聘的消息。見總經理疑惑不解，年輕人便用並不熟練的英語解釋說自己是碰巧路過這裡，就貿然進來了。總經理聽後頗感新鮮，心想莫非對方真是個人才？便笑著說：「那今天就破例一次。」

面試的結果卻出乎意料。對總經理來說這是他在微軟任職以來所經歷過最糟糕的一次面試。年輕人的學歷與微軟所要求的相關學經歷不符，他對軟體程式也只略知皮毛。對於總經理提出的許多專業問題，年輕人不是答非所問，就是根本答不上來，面試中雙方幾次陷入僵滯的尷尬局面。

面試結束，總經理顯得很失望，他對年輕人說：「微軟人才薈萃，從高階管理到專業技術人員，都堪稱業界精英，微軟的大門不是誰都能夠輕易進來的。」

正當總經理要回絕他時，年輕人說：「對不起，這次我是因為事先沒有準備。」

總經理認為他只是找個說詞好下台階，便隨口說道：「那好，我給你兩個星期時間，等你準備好了再來面試。」

回去後，年輕人去圖書館借了一些程式編輯專業書籍，然後足不出戶地在家晝夜苦讀。兩周後年輕人果然又去見總經理，總經理沒有想到對方竟真會再次前來面試，但他還是決定兌現承諾。第二次面試，年輕人對總經理提出的專業問題基本上已能應付，不過他仍沒有通過面試，因為他的知識與微軟所要求的軟體工程師水準實在有些距離。但在總經理眼裡，兩周的時間能有如此進步已經是很不容易了。

面試結束後，總經理建議性地問道：「不知你對微軟的其他崗位是否感興趣，比如銷售部門？」年輕人接受了建議，可是對於銷售他還是一竅不通，於是總經理又給了他一周時間去準備。

離開微軟後。年輕人又去書店買了一些關於行銷的書籍，又埋頭苦讀一周。令人感到喪氣的是，一周後，年輕人的銷售知識進步不小，但他仍沒能通過面試。無奈之下，總經理只能帶著歉意搖搖頭，並問年輕人道：「為何你非要來微軟應徵不可呢？」

年輕人的回答令總經理大出意外，他說：「其實我並非只想應徵微軟，我也知道微軟錄用人的苛刻條件，我只是想，假使不行，好歹也累積了一定的應徵經驗。」

總經理啞然之餘，幽默地說：「那我就多給你幾次增長經驗的機會。」結果為了應徵，年輕人總共在微軟面試了五次，前後共用去兩個多月的時間，而總經理也破天荒地給予了五次的機會。

在第五次面試時，年輕人沒有回答任何問題，因為當他第五次跨進總經理辦公室時，總經理已經對他宣佈，其實在第三次面試時他就已經成為微軟的一員了。

見他疑惑不解，總經理解釋說：「我發現你接受新東西的速度非常快，這說明你是一個有發展潛力且不可多得的人才，儘管沒有最優秀的學歷條件，但微軟將來的希望就在這些年輕人的身上。而且五次應徵你都沒有退縮，這說明你很樂觀，心理很健康。你還勇於嘗試，敢於接受挑戰，不放過哪怕百分之一的機會，這說明你有強者的素質。微軟需要的不光是有知識和技能的員工，還需要有勇氣和毅力的人。」不久，年輕人就得到了微軟的重點培訓。

勇氣格言：

精誠所至，金石為開。鍥而不捨，金石可鏤。

在這驚人的力量到來之前，有誰知道所謂「精誠」是付出了多少嗎？是千折百回，是千錘百煉，是失敗過一萬次，還要一萬零一次爬起的勇氣和毅力！

總經理是個睿智又有長遠眼光的領導者，他給了年輕人從璞玉到美玉轉變的機會，最終也取得了豐碩的成果。可以想見，一個如此百折不撓、聰明勇敢的年輕人，將會為微軟帶來神話般的成果。

下一次就是你

有一個對足球十分癡迷的女孩，在偶然的機會下，被父母送到體育學校學踢足球。

在體育學校裡，女孩並不是一個很出色的球員，因為在此之前她並沒有受過良好的訓練，踢球的動作和感覺都比不上早先入校的隊友。女孩上場進行訓練時，常常受到隊友們的奚落，說她是「非正式」球員，女孩為此情緒一度很低落。

每個隊員踢足球的目標就是進入職業球隊，職業球隊也經常去體育學校挑選後備球員⋯每次選人，女孩都賣力地踢球，然而終場哨響，女孩總是沒有被選中。她的隊友已經相繼進了職業隊伍，沒被選中的人有的也已經悄悄離隊。每次甄選之後，女孩便去找一直對她讚賞有加的教練，教練總是很委婉地說：「名額不夠，下一次就是妳。」天真的女孩似乎看到了希望，樹立了信心，又努力地繼續練下去。

一年之後，女孩仍沒有被選上，她實在沒有信心再練，她認為自己雖然上場狀態不錯，但因個頭太矮，又是半路出家，再加上每次甄選，她都迫切希望被選中，因此顯得緊張，平時訓練的水準總是發揮不出來。她為自己黯淡的前程感到迷網，產生了離開體育學校的打算。

這天，她沒有參加訓練，而是告訴教練：「看來我不適合踢足球，我想讀書，想考大學。」

教練見女孩去意已決，默默地看著她，什麼也沒說。然而，第二天女孩卻收到了職業隊伍的錄取通知書。她激動不已地立刻前去報到。其實，她還是喜歡足球。女孩這次很高興地跑去找教練，她發現教練的眼神和她一樣閃爍著喜悅的光芒。

教練這次開口說：「孩子，以前我總說下一次就是你，其實那句話不是真的。我是不想打擊妳，說妳球藝不精，我是希望妳一直努力下去啊！」女孩突然什麼都明白了。

勇氣格言！

「下一次就是你」，不僅給了我們希望，還說明了我們在某些方面還有缺陷，仍需努力付出。只要不斷充實、完善自己，時刻準備著，在逆境中絕不放棄，再堅持一下，那麼下一次見到希望的可能就是你。

一位成功者說過一句話：「百分之九十的失敗者不是被打敗，而是自己放棄了成功的希望。」成功者與失敗者，就因這一點點的耐性而被劃為兩種截然不同的人生角色。想要成功就要記住那句話：「只要堅持一下，再堅持一下……」

3

生命的價值

生活有時如一杯苦酒，只有親自品嚐，才知道其中韻味。

「精神」的信念

有一個美國公民，在四十三歲時發現自己患了癌症。初時他彷徨、怨恨、絕望，甚至連自殺的念頭都有過，可是這一切都沒有用，沒過多久，他沉靜了下來，開始思考剩餘的人生。

他將「淚泉」變為「甘泉」，將「血雨」化成「春雨」，度過了安詳的晚年。他看勞作的農夫，遠方的落日；聽樹林的音響，鳥兒的鳴叫……大自然使他增添了生活的勇氣。

在家庭聚會上，他對妻子和兩兒兩女說：「我要盡可能地活下去，我已從今天起接受化療。我希望你們幫助我，讓我能有勇氣面對這個不治之症。我們都不願意死去，但也不要害怕死亡，我們仍可創造幸福美好的明天。」

他振作起精神，將自己的感受寫成文章：「我曾詛咒過怎麼會有這樣的上帝，竟讓如此痛苦的事情在我身上發生。而現在，我再也不會怨天尤人了。當我在夏夜裡聽到一個孩子的哭聲、發現周圍人們的善意，把手放在胸前感受心臟的跳動時，我知道這就是生活。我知道自己非常幸運，有一個對我體貼入微的妻子，很多美妙的事情在我們之間發生，我們就是生活奇蹟的一部分。」

之後，他發起一個集會，總共十八名癌症患者每月固定相聚，互相協助擺脫病魔在心靈上造成的陰影，保持愉快且為自己贏得新的生命。他們共同尋求解決問題的方法，盡可能爭取多活些時間。他將這個機構定名為：「讓今天更有價值」。

勇氣格言：

意志堅強，便可戰勝厄運。軟弱是災難的根源，困厄中更需要奮鬥，而且只有這種奮鬥才會激發出比日常生活多出幾倍的生命力量。只要堅定信念不放棄，生活就會是美好的。

起伏人生

一八三二年林肯很傷心，因為他失業了，接著他投身政壇競選州議員，糟糕的是，競選也失敗了。一年裡連受兩次打擊，這對他來說無疑是痛苦和不堪的回憶。

接著，林肯著手開辦自己的企業，只是一年不到，這家企業又倒閉了。在此後的十七年間，他不得不為了企業倒閉所欠下的債務到處奔波，歷盡磨難。

隨後，林肯再一次決定參加州議員競選，這次他成功了。他內心萌發了一絲希望，認為生活有了轉機：「我可能成功了？」

一八三五年，他訂婚了。但離結婚還差幾個月時，未婚妻不幸去世。這對他精神上的打擊實在太大了，他身心俱疲，臥病數月。一八三六年，他得了神經衰弱症。

一八三八年，林肯覺得身體狀況良好，於是決定競選州議會議長，可是他失敗了。一八四三年，他又競選美國國會議員，這次仍然沒有成功。

林肯雖然一次次地嘗試，但卻一次次地遭受失敗。企業倒閉、未婚妻去世、競選失敗。要是你，碰到這一切會不會放棄——放棄這些對你來說最重要的事情？

而林肯沒有放棄，他又一次參加國會議員競選，最後也當選了。

兩年任期很快過去，他決定要爭取連任。他認為自己作為國會議員的表現是出色的，相信選民會繼續推舉他。但結果令人遺憾，他還是落選了。

因為這次競選他賠了一大筆錢，林肯向州政府申請土地官員的工作，但州政府把他的申請退了回來，上面指出：「擔任土地官員要求有卓越的才能和超常的智力，你的申請未能滿足這些要求。」

接連又是兩次失敗。在這種情況下你會堅持繼續努力嗎？你會不會說：「我失敗了」？

然而，林肯沒有服輸。一八五四年，他競選參議員，但失敗了；兩年後他競選美國副總統提名，結果被對手擊敗；又過了兩年，他再一次競選參議員，還是失敗了。

林肯嘗試了十一次，可是只成功了兩次，他一直沒有放棄追求，他一直在做自己生活的主宰。一八六〇年，他當選為美國總統。

勇氣格言：

林肯遇到過的敵人你我都曾遇到，那就是退卻。但是，他面對困難沒有退卻、沒有逃跑，他堅持著、奮鬥著。他從沒想過要放棄努力，他不願放棄，所以他成功了。落差的流水能化為彩虹；坎坷的凡夫能變為英雄，人生的波濤本身就是一筆財富。苦難並不可怕，磨難是上進的動力，只要你多一份容納與耐力，理智與果斷，堅韌與執著，你就能走向成功。

只剩一隻眼

一九九五年博迪突發心臟病，導致這名法國記者四肢癱瘓，從而喪失了說話的能力。遭到病魔襲擊的博迪躺在醫院的病床上，頭腦清醒，但是全身的器官只有左眼還可以活動。

可是他並沒有被病魔打倒，雖然口不能言，手不能寫，他還是決心要把自己在病倒前就開始構思的作品完成並出版。於是出版商派了一個叫琳賽的紀錄員來做他的助手，每天工作六小時，為他的口述做紀錄。

博迪只會眨眼，所以就只有通過眨動左眼與琳賽溝通，逐個字母向琳賽拼出他的腹稿。

琳賽每一次都要按順序把法語的常用字母讀出來，讓博迪來選擇。如果博迪眨一次眼，就說明字母是正確的；如果是眨眼兩次，則表示字母不對。

博迪是靠記憶來判斷詞語的，有時會出現錯誤，有時又要過濾記憶中多餘的詞語。剛開始時他和琳賽並不習慣這樣的溝通方式，所以中間也產生了不少障礙和問題。

合作最初，兩人每天花六小時只能完成一頁，後來慢慢加到三頁。幾個月之後，他們歷經艱辛終於完成了這部著作。據粗略估計，為了寫這本書，博迪共眨了左眼二十多萬次。

在這個世界上，聰明的人並不少，而成功的，卻總是不多。很多聰明人之所以不能成功，就是因為他們在已經具備成功優勢的情況下，卻還期待眼前能有成功的捷徑。

而能成功的人，首先就在於他從不苛求條件，而是竭力創造條件——就算他只剩一隻眼睛可以眨。

勇氣格言：

能成功的人，首先就在於他們不苛求條件，即使與別人不在同一條起跑線上，也應該竭盡所能創造條件——就算只剩一隻眼睛。但是許多人擁有健全的身體，生活卻漫無目標，過著當一天和尚敲一天鐘無所作為的生活。與博迪相比，這種人是不是該好好思考一下自己的人生呢？

騾子的家世

一隻騾子自稱出身貴族，常常向人誇耀自己的家世。但說到血統，通常是指單純的一個物種，例如馬就是馬，狗就是狗，而騾是由馬和驢交配所生下的。由兩個種類混合的動物，基本上就已經沒有血統可言，但這隻騾子一直覺得自己的血統優良、家世不凡，並且引以為榮。

主人打獵或是遠行時，騾子的母親一定會陪同前往。若是接送特別的客人，比如公爵親王時，也一定是騾子的母親拉著裝飾美麗非凡的馬車。騾子的母親腿很長、毛皮光亮，是主人引以為驕傲的馬匹。所謂「愛屋及烏」，毛色和母親一樣光亮的騾子，也得到了主人的寵愛。可能是這個原因，這隻騾子漸漸忘了自己生來是要做粗活的，牠懷抱著偉大的志向，希望自己能夠青史留名。

也許因為主人很喜歡這匹騾，也許因為牠是駿馬的孩子，總之，騾子能夠待在屋裡成天向狗、貓等動物們炫耀自己的血統，什麼也不用做。但最實際的原因可能是這隻騾子的驢父親還非常健康，承擔起背負重物的任務完全沒有問題，小騾子也就沒有什麼工作需要忙，整天悠閒地玩樂。

後來，一個磨房主人來買走了這隻騾子，把牠拴在磨房裡，每天來回拉磨。牠的毛皮再怎麼光亮，在磨房主人的眼中終究只是一隻騾子。當牠試圖對磨房主人提起自己的家世時，得到的總是一頓鞭子。這個時候，牠才想起自己的父親是一隻驢。

勇氣格言：

苦難，未必是壞事。苦難是人生的磨練，可以讓人頭腦變得清醒。苦難是人生奮進向上的動力，可以使人變得更加堅強，更加成熟。

感知生命

一位婦人，她幾乎經歷了女人所能經歷的所有不幸。幼年時父母先後病逝，好不容易找到工作，又因老闆的女兒誣陷而被掃地出門。結婚後婆婆對她十分苛刻，婆婆過世後，丈夫竟因外遇棄她而去。直到現在，她獨自與女兒相依為命，日子過得似乎很平靜。

一個陽光燦爛的日子，朋友去她家閒坐，女兒在一旁陪伴。她們一邊聊天一邊回憶著過去那段辛苦的歲月。朋友讚嘆她遭遇過這麼多挫折卻活得如此堅強平和，她笑笑地講了一個故事給朋友聽：

兩個老裁縫去非洲打獵，路上碰到一頭獅子。其中一個裁縫被獅子咬傷了，沒被咬傷的那位問他：「疼嗎？」受傷的裁縫說：「當我笑的時候才感到疼。」

「我也是這樣的。」婦人對朋友笑道，「我被獅子咬了許多口，但我一貫的原則是：忍著痛，笑也好，哭也好，只要有感覺就有生命，只要有生命就有靈魂，只要有靈魂就有生存的意義、希望和幸福。」

朋友驚訝地望著她充滿滄桑痕跡的臉龐，彷彿那是一方視野極闊的天窗。

勇氣格言：

人間的悲劇，可以說五花八門，各式各樣。沒有一樁不使人落淚，只有堅強的人才能一笑置之。生命有了靈魂，才會感覺到生存的意義，就算是痛苦，也是有希望的。其實悲劇也會在堅強的人面前一笑成為過去。

盲人的鏡子

一位正值事業巔峰的年輕人被檢查出患有白血病，傷心絕望的陰影籠罩了他的心，他覺得生命對他而言已經失去了意義，因此他拒絕治療。

一個深秋的午後，他從醫院裡逃出來，漫無目的地在街上遊蕩。忽然，一陣略帶嘶啞又異常豪邁的樂曲吸引了他。不遠處，一位雙目失明的老人拿著磨得發亮的樂器，對著奚落的人群盡情彈奏。引人注目的是，盲人的懷中掛著一面鏡子！

年輕人好奇地上前，趁盲人一曲彈奏完畢時問道：「對不起，打擾了，請問這鏡子是你的嗎？」

「是的，樂器和鏡子是我的兩件寶貝！音樂是世界上最美好的東西，我常靠這個自娛自樂，方知生活還是很美的。」

「可是這面鏡子對你有什麼意義呢？」他迫不及待地問。

盲人微微一笑說：「我希望有一天出現奇蹟，並且也相信有朝一日能用這面鏡子看見自己的臉，因此不管到哪兒，不管什麼時候我都帶著它。」

白血病患者聽到這裡，已不知該說些什麼了。一個盲人尚且如此熱愛生活，而自己卻……他突然徹悟了，坦然地回到醫院裡接受治療。儘管每次化療都會感受到死去活來的痛楚，但從那以後他再也沒有逃跑過。

他堅強地忍受了所有的痛苦和治療，終於出現了奇蹟，他恢復了健康。從此，也擁有了人生彌足珍貴的兩件寶貝：積極樂觀的心態和屹立不倒的信念。

勇氣格言：

生命不是沒有奇蹟，只要堅持不放棄，認真積極地去面對生活，幸運之神最終會眷顧你的。想把握好人生和命運的人，一定要有樂觀和堅強的心態，因為樂觀和堅強是掌管人生航向的舵手，能把握命運之船的方向。

殘破的臉

被喪心病狂的男友毀容後的台灣女孩曾德惠，從容地站在記者面前。她面目全非，但仍自我調侃地說：「如果大家看到我潔白的牙，說明我在笑！」經過四十多次手術，痛得她沒空想別的事，也沒空去恨什麼人。

為了謀生，她上街兜售香包；為了未來，她決心上大學，就算必須從高中讀起。「我沒有手，沒有耳朵，沒有鼻子，嘴巴合不攏，最要命的是，連胸部都燒掉了。」她講得很輕鬆，像在講別人的故事，不過她還是擔心以後會不會再也沒有男人願意愛上自己。

有一次，她去影院看恐怖電影《貞子》，「散場後去上廁所出來，」她說，「沒被『貞子』嚇倒的觀眾反而被我給嚇倒了！」她笑著說，聽的人卻難過不已。

每次出門，她會在全身唯一完好的部位——十個腳趾都塗上藍色指甲油，以顯示自己曾經有過的美麗。

勇氣格言：

有時面對現實，比面對死亡更需要勇氣！林肯常說：「手上的牌沒打完我是不會認輸的。」對他來說，除非死亡，沒有什麼能剝奪他繼續出牌的權利。

塵世的風景平凡，卻能成就偉大。

再試一次

一次火災，小男孩被大火燒成重傷，下半身失去知覺。出院後，媽媽經常用輪椅推著他到院子裡走一走。

有一天，媽媽推著他到院子裡呼吸新鮮空氣，聽到家裡電話響起，便暫時離開了。迷人的景色讓他的心從沉睡中醒來：「我一定要站起來。」他奮力推開輪椅，用雙肘在草地上匍匐前進，爬到籬笆邊，努力抓著牆站起來，拉住籬笆練習行走。

一天天過去，他的雙腿始終軟弱沒有任何知覺。可是他不甘心一輩子在輪椅上生活，他緊握拳頭告訴自己：「未來的日子裡，一定要靠自己的雙腿來行走。」

終於，在一個清晨，當他再次拖著無力的雙腿緊拉著籬笆行走時，一陣鑽心的疼痛從下肢傳了過來。他嚇了一跳，自從燒傷後，他的下半身再也沒有過任何知覺。他懷疑是自己的錯覺，又試著走了兩步，那種疼痛又一次清晰地傳了過來。在他不懈的鍛鍊下，他的下肢已開始恢復知覺了。

自此以後，他的身體恢復得很快。終於有一天，他竟然在院子裡跑了起來。這天起，他的生活與正常的男孩並無兩樣，直到讀大學時，他甚至進了田徑隊。

他，就是葛林康漢寧博士。他曾經跑出過全世界最好的成績。

勇氣格言：

再試一次，也許會有意想不到的效果。也許，就在那一試之下，我們的夢想變成了現實。

心中有陽光

我忘不了初次去一家報社面試的時候，幾個年輕女編輯被我的樣子嚇壞的情景。我常想，我這一生最大的不幸就在於肢體的嚴重殘疾，而最大的幸運是，我有一個健全的大腦。

半歲時，一場高燒差點奪去了我的生命。我奇蹟般地活了下來。但由於小腦神經受到損傷，我像醫生說的一樣，成了身障人士，我的雙手不能自由伸曲；嘴斜了，失去了準確的發音；腳也跛了，走路一瘸一拐……。四、五歲前的我，完全是在床上和父母背上度過的。直到六歲，我才開始蹣跚學步。那時，白天父母上班，兩個姐姐上學，家裡只有我一個人，門反鎖著，我的世界只是一個不足十平方米的小屋，陽光離我很遠……

到了上學的年齡，父親帶著我到學校報名。老師說：「這孩子的狀況比較嚴重，還是等他長大一些再來報名吧！」之後每一個學年，父親都帶我去報名，但沒有一次得到允許入學。

我一直記得十二歲那年九月，父親又帶我去學校。已經有些懂事的我哭著求老師：「收下我吧，我會好好用功的！」看得出，老師被感動了。

她用手輕輕擦去我的淚水說：「孩子，不要哭，我們收你！」然後將我的名字填寫在新生入學登記表上。我終於要上學了！就從那天開始，我走進了校門。

父母都只有小學教育程度。每天晚上，他們輪流為我上課，一個教國語，一個教數學；兩個姐姐也在做完功課後為我批改作業。我的右手不能拿筆，我就訓練自己用稍微靈活一些的左手寫字。也許是因為我的年齡比較大，理解能力較強，小學六年的課程，我竟只用了一年多的時間就全部學完，然後又開始中學階段的自學。父母沒有能力再教我了，兩個姐姐也相繼升入高中，繁重的課業使她們沒有時間再幫忙輔導我。於是，我只好自己讀姐姐們用過的課本……

一九八六年，我十六歲了。春節前一天，我到離家不遠的書店買書。回家途中路過一座陵園，我不由自主地走了進去，心中忽然生出一種空靈、肅穆的感覺，一種想要表達自己的衝動強烈地湧上來。回到家，我在一張廢紙上寫出了生平第一首「詩」。此後，寫詩就成了我生活中不可或缺的一環。

然而，寫作並不像想像的那樣容易。對我來說，最大的困難首先是寫字，我每寫一個字都十分吃力。寫字的速度總跟不上思維，那種感覺苦不堪言。我有個小紙箱，裡面裝滿了退稿。這些稿件經過漫長的周遊又回到了我手裡成為廢紙，這對每寫一個字都很困難的我是多麼痛苦的事啊！母親勸我放棄，但我不願意，再難也要一直堅持下去……

兩年後，我的詩終於在報上發表了！當樣報寄來，看著自己的作品變成鉛字的詩作，我喜極而泣。

自從發表第一首詩後，我便一發不可收拾，印有我名字的作品陸續在多家報刊登出。今年我三十歲，我知道，在以後的歲月，還會有更多的苦難和傷痛等著我。但我生命的花朵，既然從一開始就是在陽光之外開放，我已經沒有什麼可以畏懼！因為我心中有陽光。

勇氣格言：

其實每個人都想朝自己的目標邁進，只不過常被挫折刺傷。選擇進步，就不怕受傷；選擇飛躍，就不怕跌倒。蚌歷經痛苦後孕育出晶瑩奪目的珍珠，人歷經痛苦後創造出驚人的成績。克萊爾說：「人是為了某種信仰而活著。」心中有路，腳下才踏實。帶著理想的枴杖，穿過痛苦的沼澤，才能找到光明的道路。只有堅持才會遇見柳暗花明，卑微的生命開始變得偉大。

失眠的落榜生

他落榜了！一千二百年前。榜單那麼大那麼長，然而，上頭就是沒有「張繼」這兩個字。

離開京城吧！議好了回程的船費，他踏上小舟。本來預想的情節不是這樣的，應該有插花遊街、馬蹄輕疾的風流，有衣錦還鄉、袍笏加身的榮耀。然而，寒窗十年雖有他的懸樑刺股，瓊林宴上卻缺了他那一角席次。

江楓如火，似在岸邊舉著冷冷的燭焰。這天黃昏，船來到了蘇州，但這美麗的古城對張繼而言，無非是另一個觸動愁情的地方。

這樣的夜晚，淒苦地坐著，聽到自己的心正被嚙食而一分分消失的聲音。今夜，月自光其光，霜自冷其冷，安心的人在安眠，工作的人在工作。只有張繼，是個既沒有權利去工作，也沒有福氣去睡眠的失落人……

鐘聲響了，這奇怪的深夜寒山寺鐘聲。一般寺廟都是暮鼓晨鐘，只有寒山寺敲「夜半鐘」，用以驚世。

既然失眠，他推枕而起，摸黑寫下「楓橋夜泊」四字。然後，就把其餘二十八字照抄下來。說「照抄」，是因為那二十八個字在他心底已像白牆上的黑字一樣分明凸顯：

月落烏啼霜滿天，
江楓漁火對愁眠。
姑蘇城外寒山寺，
夜半鐘聲到客船。

感謝上蒼，如果沒有落第的張繼，歷史上便少了一首好詩。某一種心情，就沒有人來為我們一語道破。

勇氣格言：

蘇東坡因文字獄被貶黃州，卻寫出了氣勢磅礴的《念奴嬌・赤壁懷古》和前、後《赤壁賦》；蒲松齡科舉考試屢屢落第，一生潦倒，卻寫出了怪異靈秀的《聊齋誌異》……多少曾經顯赫一時的達官顯貴，多少規模宏大的盛事場景，如過眼雲煙消散殆盡，只有那些不屈的靈魂和不朽的精神產物留在人們的記憶中。

黎明前的黑夜

一個年輕人應徵時遭到面試官的拒絕，原因是年輕人的嗓音不符合廣播員的條件。面試官還告訴那個年輕人，由於他那令人生厭的名字，他永遠也不可能成名。

而擁有「不符合要求」嗓音和「令人生厭」名字的年輕人就是阿穆布・巴克強——印度電影界的「千年影帝」。

一九六二年，四個初出茅廬的年輕音樂人緊張地在「迪卡」唱片公司的負責人面前演唱他們新寫的歌曲。負責人對他們的音樂非常不感興趣，拒絕了他們發行唱片的請求，甚至還說：「他們的聲音很不好聽，吉他組合很快就會退出歷史舞台。」

這四個人的音樂組合就是「披頭四」。想必這個名字人們都知道吧。

一九四四年，「名人錄」模特公司的主管埃米琳・斯尼沃利告訴一個夢想成為模特兒的女孩：「你最好去找一個祕書工作，或者乾脆早點嫁人算了。」

這個女孩就是後來的瑪麗蓮・夢露。

一九五四年，「鄉村大劇院」旗下一名歌手首次演出就被開除了。老闆吉米・丹尼對那名歌手說：「小子，你哪兒也別去了，回家開卡車去吧。」

這名歌手就是艾維斯・普里斯萊，綽號叫做「貓王」。

一九四〇年，一位年輕的發明家切斯特・卡爾森帶著他的專利走了二十多家公司，其中包括一些世界最大的公司，然而都無一例外地遭到了拒絕。一九四七年，在他被拒絕七年後，紐約羅徹斯特一家小公司終於肯購買他的專利——靜電複印。

這家小公司成了後來的富士全錄公司。

有一個黑人小女孩，在她二十二個兄弟姐妹中排行第二十。出生時因為早產而險些喪命，四歲時患了肺炎和猩紅熱，左腿因此而癱瘓，九歲時她努力脫離金屬支架獨立行走，到了十三歲她終於勉強可以比較正常地行走，醫生認為這是一個奇蹟。

同年，她決定成為一名跑步運動員。她參加了一項比賽，結果是最後一名，之後幾年她參加的每一項比賽都拿到最後一名。每個人都勸她放棄，但她還是繼續跑著。直到有一天，她贏得了一場比賽，此後勝利不斷，直到在每一項重要賽事中取勝。

這個黑人小女孩就是「黑色羚羊」威爾瑪・魯道夫，曾經三度獲得奧運金牌的勝利者。

勇氣格言：

別人的評價也好，社會的認可也罷，這些都是外在的，都是可以改變的。而我們心中的信念，卻是永遠都不可以磨滅的。只有自己相信自己，自我堅持，永不放棄心中的理想，積極進取，別人才有可能承認你的能力與信心。

馴馬經

阿拉伯當地有位著名的馴馬師，當地人尊敬地稱呼他為「馬神」。因為經他之手訓練出來的馬幾乎都是千里馬。每天早上，馴馬師會指揮一群馬繞著圈子跑，這其中有雄健的大馬，也有很小的幼馬。馴馬師的助手，一邊呵斥著馬一邊抓著馬鞍左右跳躍，看起來就像馬戲團的特技表演。到了中午，沙漠的太陽正毒，馴馬師卻和助手一起騎馬向沙漠深處奔去。到了下午，當他們返回時，人們才發現每個人手上都拿著一把彎刀，彷彿出征歸來的樣子。

「你為什麼要叫這麼多馬繞圈子呢？」有人問馴馬師。

馴馬師說：「因為我教那些小馬跟在大馬身後，學習聽口令和順服。沒有大馬的帶領，小馬是很難教的。如果我是老師，大馬就是家長，我在學校教導，父母就要在家中帶領，任何一方都不能少。」

「那你的助手為什麼要抓著馬鞍左右跳躍呢？」

「那是教馬匹學會平衡，維持穩定。」馴馬師回答說。

「至於中午的時候騎馬出去，」馴馬師接著說，「是因為中午天氣最炎熱，讓馬在廣闊無垠、炙熱如焚的沙漠裡奔跑，是一種磨練。讓牠們知道，如果不跑的話，就永遠不會走出這片沙漠，只有經得起這樣的磨練才能成為千里馬。」

「而彎刀，是我們故意舞弄給馬看的。用刀光閃爍刺激馬的眼睛，發出強烈的聲響，如果經歷這種場面還能夠表現得鎮定自若，才能成為最好的戰馬。」

勇氣格言：

生活有時如一杯苦酒，只有親自去品嚐，才知道生活的韻味。只想舒適安逸的生活，那就無成功可言。要想成為千里馬，就必須經歷過各種磨練和正確的訓練。所謂吃得苦中苦，方為人上人。

生活的希望

年輕的瓊斯身體健康，工作十分努力，而且經營了一個小農場。但他的農場所生產的產品品質總是遠遠不如其他農場。

這樣的生活年復一年地過著，直到有一天瓊斯突然患了全身痲痺症，臥床不起，而這時他已是晚年，幾乎失去了生活能力。親戚們都確信，他將永遠成為一個失去希望和幸福的病人，他不可能再有什麼作為了。但瓊斯並沒有因為這樣就放棄了生活和追求，他要成為有用的人，他想繼續供養家庭，而不是成為家庭的負擔，於是他開始努力地學習。

直到有一天，他把家人都叫到面前，鄭重地告訴他們：「我再也不能用手勞動了，」他說，「所以我決定用我的腦子從事勞動。如果你們願意的話，每個人都可以是我的手、腳和身體。讓我們把農場每一畝可耕地都種上玉米，然後用所收穫的玉米來餵豬。在豬還小的時候，我們就宰掉做成香腸，然後起個好聽的名字銷售出去。我們可以在全國各地的零售店出售這種香腸。」他笑著說，「這種香腸將像蛋糕一樣受人喜愛。」

這種香腸確實像蛋糕一樣受人喜愛！幾年後，「瓊斯香腸」竟成了家庭生活的必備品。瓊斯積極的生活態度為他帶來了事業的成功。

勇氣格言：

人們常用「心有餘而力不足」來為自己的不努力找藉口。其實，生活的路就在腳下，端看你有沒有勇氣邁出第一步。世上無難事，只怕有心人，積極的態度能夠掃除世間的一切障礙。

膽小的羅斯福

美國總統羅斯福小時候是一個脆弱膽小的學生，在課堂裡總顯露出驚懼的表情。他呼吸就好像喘大氣一樣，回答起問題來，也是含含糊糊、吞吞吐吐；由於牙齒暴露，使他的面孔也不好看。

沒有一個人能比羅斯福更瞭解自己，他沒有因為同伴的嘲笑而喪失勇氣。他清楚身體上的種種缺陷，決定要用行動來證明自己可以克服先天的障礙獲得成功。

在演講的時候，他知道如何利用一種假聲，掩飾他那無人不知的暴牙。雖然他的演講並沒有任何驚人之處，但他從不因自己的聲音或姿態而感到沮喪。他沒有宏亮的聲音或是威嚴的姿態，然而經過努力，他卻成為當時最有魅力的演說家之一。

羅斯福沒有因缺陷而退縮和消沉，反在充分地認識自己後，不懈努力，終於成為一代偉人。

勇氣格言：

雖然存在一些缺陷，但仍有成功的機會。只要勇敢地面對這些缺陷，把別人的諷刺和嘲笑，都當作在為自己鼓掌打氣。有時坦然面對自身缺陷，甚至可以將缺陷轉化為發展自己的契機。

無臂畫家

有一天，法國名畫家紀雷參加一個宴會，宴會上有個身材短小的人來到他面前，請求收他為徒。

紀雷朝那人看了一眼，發現他是個缺了兩隻手臂的身障人士，便婉轉地拒絕了他，並說：「我想你畫畫恐怕不太方便吧？」

可是那個人並不在意，立刻說：「不，我雖然沒有手，但還有兩隻腳。」說著，便請主人拿來紙和筆，坐在地上，用腳指頭夾著筆畫了起來。他雖然是用腳趾畫畫，但畫得很好，足見下過一番苦功。在場的客人，包括紀雷在內，都被他的精神所感動。紀雷很高興，馬上收他為徒弟。

這個矮個子自從拜紀雷為師之後，更加用心學習，沒幾年的工夫便名揚天下，他就是有名的無臂畫家杜茲納。

勇氣格言：

沒有手竟然能成為畫家，很不可思議吧！這個故事告訴我們：要有排除萬難的毅力和恆心，要有不達目的誓不罷休的決心，你就能創造奇蹟。

貢獻

羅伯特‧巴拉尼出生於奧匈帝國首都維也納，父母都是猶太人。他的家庭不太寬裕，因從小患有結核病，長期得不到根治，最終他的膝關節永久性僵硬了。父母為兒子感到傷心，巴拉尼當然也很痛苦。但懂事的巴拉尼，儘管年紀才七、八歲，卻把自己的痛苦隱藏起來，對父母說：「你們不要為我傷心，我完全能取得一個健康人的成就。」父母聽到這番話，悲喜交集，抱著他不知該說些什麼，只是以淚洗面。

巴拉尼下定決心，從此埋頭苦讀。父母輪流每天接送他到學校，數十年如一日，風雨無阻。巴拉尼沒有辜負父母的心血，也沒有忘掉自己的誓言，小學、中學時成績一直保持優異，名列前茅。

十八歲進入維也納大學醫學院，一九〇〇年獲得了博士學位。大學畢業後，巴拉尼留在維也納大學耳科診所當一名實習醫生。由於巴拉尼工作很努力，同樣任職於大學醫院的著名醫生亞當・波利茲很賞識他，並對他的工作和研究給予詳細的指導。巴拉尼對眼球震顫現象進行了深入研究和探索，經過三年努力，於一九〇五年五月發表了題為《熱眼球震顫的觀察》的研究論文。這篇論文的發表，引起了醫學界的關注，標誌著耳科「熱檢驗法」的產生。巴拉尼繼續深入鑽研，透過實驗證明內耳前庭器與小腦有關，從此奠定了耳科生理學的基礎。

一九〇九年，亞當・波利茲醫生病重，他主持的耳科研究所事務，以及在維也納大學的耳科醫學教學任務，全部交給了巴拉尼。繁重的擔子壓在巴拉尼肩上，他不畏勞苦，除了出色地完成這些工作外，還繼續對自己的專業進行深入研究。一九一〇年至一九一二年間，他的研究碩果纍纍，先後發表了《半規管的生理學與病理學》和《前庭器的機能試驗》兩本著作。由於他的工作和研究有突破性的貢獻，奧地利皇家授予他爵位。一九一四年，他又獲得諾貝爾生理學及醫學獎金。

巴拉尼一生發表研究論文一百八十四篇，治療好許多耳科絕症。他的成就卓著，當今醫學上探測前庭疾患的試驗和檢查小腦活動及其平衡障礙有關的試驗，都是以他的姓氏命名的。

勇氣格言：

一個人如果下決心要成為什麼樣的人，只要有恆心，有毅力，一定會使他戰勝困難，心想事成，如願以償。

缺陷與成就

有一個男孩患了小兒痲痺症，然而當時的醫學落後，無法挽救他，他很不幸地成為了瘸子。因此，他的童年、少年和青年時期都是在陰影中度過的。在這個世界上，他是一名需要照顧的人，說穿了，就是「殘廢」。在別人或憐憫、或嘲笑、或漠然的眼光中，他的內心充滿了自卑。他被自己的缺陷深深地擊敗了。他的名字叫羅斯福，美國人。

有個男人很高傲，他的思想情緒特立獨行，充滿了叛逆精神，為此，皇帝很討厭他，想狠狠地教訓他一次。如果砍他的頭，那也就算了；但是，皇帝下流地閹割了他的生殖器！這種奇恥大辱幾乎可以毀滅一個男人的一生啊！無論生理上還是心理上，他都不再是一個正常人，甚至連「殘廢」的稱號也不配！他是司馬遷，中國人。

另一位是米谷商人的第二個兒子，家庭富足，但他卻認為自己的童年並不快樂，因為他自小便是個駝子。行動不便不說，在別人眼中，他常常淪為小丑、笑料。他是孤獨的，世界與他之間一直有著巨大的距離，他難以逾越那道鴻溝。他成了一個「生活在別處」的人。他叫阿德勒，奧地利人。

羅斯福生命不息、奮鬥不止的精神在美國家喻戶曉。司馬遷發奮著述，終成輝煌巨著《史記》，在中國也是婦孺皆知。阿德勒雖不為多數人瞭解，但是他獨樹一幟的心理學思想卻與弗洛伊德並駕齊驅。

他們的成就與他們的缺陷形成鮮明對照。阿德勒在《自卑與超越》中認為，成功者離不開自卑，他們必須在自卑的動力驅使下，走出自卑的陰影，在更高、更遠的地方尋找生命的補償。

勇氣格言：

看來，自卑也沒什麼好可怕的，缺憾的是身體，只要心靈健全就可以。自卑既可以毀滅一個人的鬥志，也可以促成一股巨大的精神動力，使人在絕望中奮起，爆發出燦爛炫目的光芒。

4

一念之間

內心的平靜，和經由生活所得到的快樂，並不在於我們身在哪裡，有多少金錢，或者我們是什麼人。

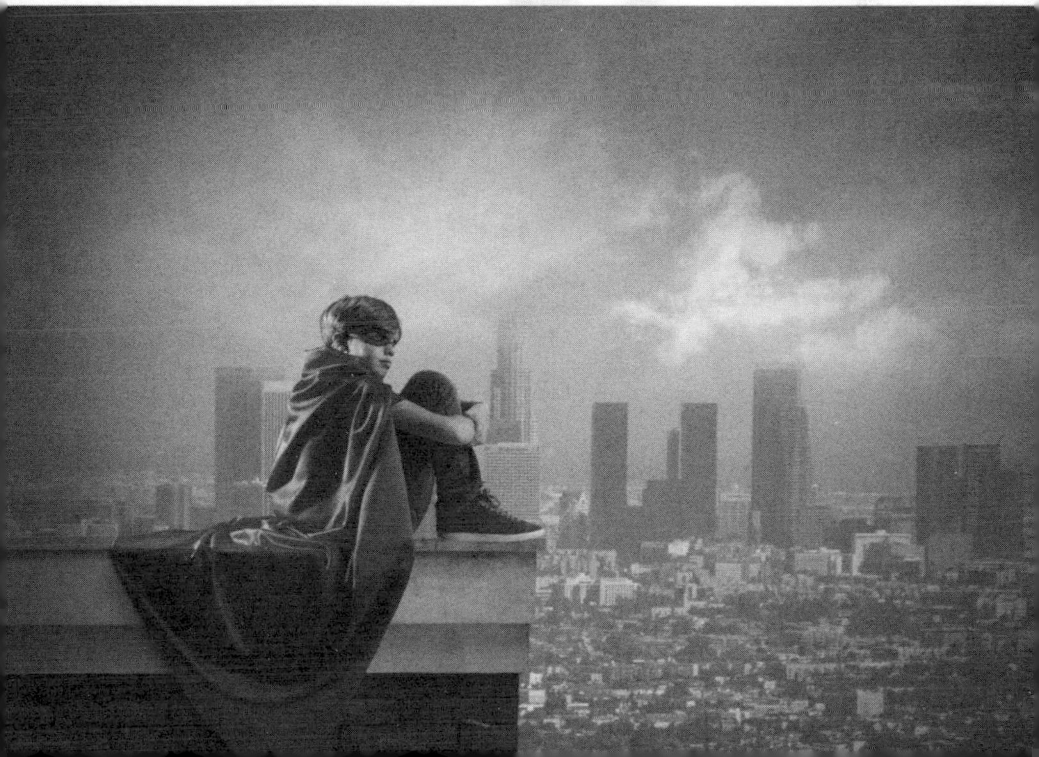

一念之間

一個女子，本來受了金錢的誘惑準備去酒店上班，幸好姐姐在車站攔住了她。她哭著跟姐姐回來後，先是擺地攤，後來賣早點，接著又跑化妝品生意。三年後，她已經擁有一間美容院和一間不大不小的餐廳了。

別人問她是什麼力量使她獲得了成功，她深有感觸地說：「做人，總是一念之間分出強者和弱者，命運也跟著在一念之間中發生轉折。人的理念和追求是分不開的，追求成為一個什麼樣的人，遠比追求某種需要重要得多。」

眼見聽者仍是一臉茫然，她就講了一個故事：有個孩子跟著父親去參觀梵谷故居，父親告訴他，梵谷畫出許多價值連城的作品。他看過那張小木床及裂了口的皮鞋之後，就問父親：「梵谷這麼著名，難道不是百萬富翁嗎？」

父親答：「不，恰恰相反，梵谷是個連老婆都娶不起的窮人。」

第二年，他又隨父親去了丹麥。在安徒生的故居前，他困惑地問：「安徒生不是生活在皇宮裡嗎？」

父親答：「安徒生是鞋匠的兒子，他就生活在這棟閣樓裡。」

二十年後，他在回憶童年時說：「那時我們家很窮，父母都靠勞力為生。有很長一段時間，我一直認為像我們這樣地位卑微的黑人不可能有什麼出息。好在父親是個水手，走南闖北聽過許多故事，於是我也就認識了梵谷和安徒生。這兩人告訴我，上帝從不捨棄卑微的人。」

他的名字叫伊東・布拉格，是美國歷史上第一位獲得普立茲獎的黑人記者。

講完故事，他說：「只要你願意，你總有可以向社會奉獻的價值，同時贏得你做人的尊嚴。」

勇氣格言：

人的生命是寶貴的，之所以寶貴，就是因為它承載著許多價值。上帝替每個生命都賦予了很多的價值，其中有許多是金錢無法買到的。維繫這些高價值，需要健康的心靈。而你心靈深處的自信，正是維繫所有價值的動力。

海倫・凱勒

海倫・凱勒是身障人士成功者的典型代表。當她生理上面臨不幸的時候，她是如何成功的呢？

海倫剛出生時是個正常的嬰兒，直到她十九個月大時，才變成又盲又聾的孩子。生理的劇變，令小海倫性情大變，稍不順心，她便會亂敲亂打，野蠻地用雙手抓食物塞入口裡；若試圖糾正她，她就會在地上打滾亂吼亂叫，簡直是個小瘋子。父母在絕望之餘，只好將她送至波士頓的盲人學校，特別聘請一位老師照顧她。

所幸，小海倫在黑暗的悲劇中遇到了一位偉大的光明天使——安妮・沙莉文女士。沙莉文也是位有著不幸經歷的女性。她在十四歲時得了眼疾，幾乎失明，後來被送到帕金斯盲人學校學習點字，後來便做了海倫的家庭教師。

從此，沙莉文女士與這個痛苦女孩的鬥爭就開始了！洗臉、梳頭、用刀叉吃飯都必須一邊和她格鬥一邊教她。固執的海倫以哭喊、怪叫等方式全力反抗著嚴格的教育。然而最終，沙莉文女士究竟如何只用一個月的時間，就得以和生活在完全黑暗、絕對沉默世界裡的海倫溝通呢？

答案是信心與愛心。

仍然是失聰、目盲的海倫，憑著觸覺——指尖來代替眼和耳，學會了與外界溝通。她十歲多一點時，名字就已傳遍全美，成為身障人士的模範，一位真正以殘疾之身得到成功的人。

一八九三年五月八日，是海倫最開心的一天，這也是電話發明者貝爾博士值得紀念的一天。貝爾博士在這一天成立了著名的國際聾人教育基金會，而為會址奠基的正是十三歲的小海倫。

若說海倫沒有自卑感，那是不正確的。幸運的是她自小就在心底建立起了堅定的信心，超越了自卑。

小海倫成名後，並未因此而自滿，她繼續孜孜不倦地接受教育。一九〇〇年，這個二十歲學習了手語、點字及發聲，並通過這些方法獲得超越一般水準知識的女孩，進入了哈佛大學拉德克利夫學院學習。她說出的第一句話是：「我已經不是啞巴了！」她發現自己的努力沒有白費，興奮異常，不斷地重複說：「我已經不是啞巴了！」四年後，她成為世界上第一個受到大學教育的盲聾啞人，以優異的成績畢業。

海倫不僅學會了說話，還學會了用打字機著書和寫稿。她雖然是位盲人，但讀過的書卻比視力正常的人還多，她寫過七本書，比「正常人」更會鑑賞音樂。

海倫的觸覺極為敏銳，只需用手指頭輕輕地放在對方的唇上，就能知道對方在說什麼；把手放在鋼琴、小提琴的木質部分，就能「鑑賞」音樂。她能以收音機和音箱的振動來辨明聲音，又能夠利用手指輕輕地碰觸對方的喉嚨來「聽歌」。

如果你和海倫・凱勒握過手，五年後你們再見面握手時，她也能憑著握手來認出你，知道你是美麗的、強壯的、體弱的、滑稽的、爽朗的，或者是滿腹牢騷的人。

這個克服了常人「無法克服的障礙」的人，其事跡在全世界引起了震驚和讚賞。她大學畢業那年，人們在聖路易博覽會上設立了「海倫・凱勒日」。她始終對生活充滿信心，充滿熱忱。

勇氣格言：

擁有堅強的意志，完成生命的自我重塑，她的信心來源於哪兒呢？來源於對生活的熱愛。她是那麼的弱小，極度的自卑，最終卻有如此成就，不但戰勝了自我，還創造了生命的奇蹟。

誰為傳人

有一個老和尚已至垂暮之年，他想把衣缽傳給弟子。他的眾多弟子中，有三人悟禪極深，老和尚一時難以選擇傳人。

一個暮色蒼茫的傍晚，老和尚知道壽命將止，該是決定繼承人的時候了。他叫來三位弟子，吩咐他們出去各買一樣東西，看誰買的東西既便宜又能塞滿禪房。

老和尚給了弟子們各一枚銅錢後，其中兩個弟子出去了，可是另外一個弟子卻端坐在老和尚身邊打禪，沒有行動。

不久，一個弟子回來，告訴老和尚，他已買來了幾車的乾草，足以添滿禪房了。老和尚聽後，搖頭蹙眉，非常失望。

接著，另一個弟子也回來了。只見他從袖子中取出一支蠟燭，然後把蠟燭點燃。老和尚見狀，口念「阿彌陀佛」，臉上露出了非常滿意的神色。

這時，老和尚把目光盯向身旁的弟子。只見那弟子起身，將銅錢還給老尚，雙手合十說：「師父，我買的東西就來了！」說完他吹熄蠟燭，禪房一片黑暗，弟子手指向門外說：「師父請看，弟子買的東西已經來了。」

師徒向門外望去，只見東半邊天上，一輪滿月刹那間從地平線躍出，冉冉上升。金色的月光照進禪房，禪房裡灑滿光輝，一片通明。

老和尚驚訝得半晌無語，禪房裡一時寂靜非常。許久，老和尚才問打禪的弟子：「你何以想到此法？」

弟子雙掌合十恭敬地說：「乾草固然能裝滿禪房，但卻使禪房不潔而黑暗，雖價廉而實平庸所為；蠟燭小如手指，不值一文，然燭光能充盈禪房，買燭者非上智而不能為也！」他沉吟片刻，神情肅穆，繼續道，「月光既出，玉宇澄清，月光可謂九天中最無價之物！月光為何物？月明則天明，天明則地明，天明地明則心明；然佛明四字，佛明我心，可見月光乃我佛也！今我不取一文得到我佛，只因我心中有佛光！」

老和尚聞言，脫下袈裟披在打禪的弟子身上……

勇氣格言：

只要我們心中裝有快樂、幸福，生活就會像月光一樣毫無保留地照在我們的身上，驅散我們心中的煩惱和憂愁。

打開心門

有一個人，每到晚上都會做同一個夢。他夢見自己走在很長的走廊，走到盡頭時，出現了一道門，看見門他全身發抖，直冒冷汗不敢打開。就這樣，二十年來他每晚都做同樣的夢，也找心理醫師治療了二十年。

後來他找到了慧明禪師，把夢境跟禪師說明。

禪師沉思片刻，對他說：「你為什麼不把門打開看看呢？！最多只是一死而已嘛！」這人想想很有道理，於是當晚在夢中他便鼓起勇氣把門推開了……

第二天，他又來找慧明禪師。

禪師問他：「門打開了嗎？」

他點點頭回答：「打開了！」

禪師問：「結果，門後有什麼呢？」

他說：「打開門後，呈現眼前的是一片綠油油的柔軟草地，有燦爛的陽光、耀眼的舞蝶……」

勇氣格言：

許多人總是不敢打開生活的心靈之門，因為害怕，所以一直徘徊在幸福之門的外面。果斷些，打開心靈之門，把那些無端的煩惱都拋卻到九霄雲外吧！

另一個角度

一個小和尚在廟裡生活久了，總覺得心情煩悶、憂鬱，高興不起來，就去向師父圓通和尚訴說煩惱。

圓通和尚聽了徒弟的抱怨之後說：「快樂是在心裡，不假外求，求即往往不得，轉為煩惱。快樂是一種心理狀態，內心湛然，則無往而不樂。」

接著，他講了一個故事：

某個村落裡有個老爺，一年到頭的口頭禪都是「太好了，太好了」。

有時一連幾天下雨，村民們都為久雨不晴而大發牢騷，他也說：「太好了，這些雨若是在一天內全部下來，豈不氾濫成災，把村落沖走了？神明特地把雨量分成幾天下，這不是值得慶幸的事嗎？」

有一次，老爺的太太患了重病。村民們以為，這次他總不會再說「太好了」吧？哪知大家去探望老太太時，一進門，老爺還是連說：「太好了，太好了。」

村民不禁大為光火，問他：「老爺，你未免過分了吧？老太太患了重病，你還口口聲聲太好了，到底存什麼心呀？」

老爺說：「哎呀，你們有所不知。我活了這麼一大把年紀，始終是老婆照顧我，這次她患了病，我就有機會好好照顧她了。」

講完了故事，圓通和尚啟發弟子：「生活在世上，壞事之外的另一個角度多半都是好事。只要抱著積極樂觀的態度，面對一切遭遇，就沒有什麼擺脫不了的憂鬱。」

勇氣格言：

沒有人能夠逃脫不幸與不快。世界上不存在極樂天堂，沒人能從世俗的煩惱中解脫出來，我們所能做的只能是端正態度，妥當地去應付這些不愉快。

在生活工作中，多的是不愉快的情緒或不平或抱怨的心態，而這些就是你的壓力來源，而如何排除壓力，故事中這位「太好了」老爺樂觀的態度值得我們學習。

換個角度看問題，也許問題已不是問題了。

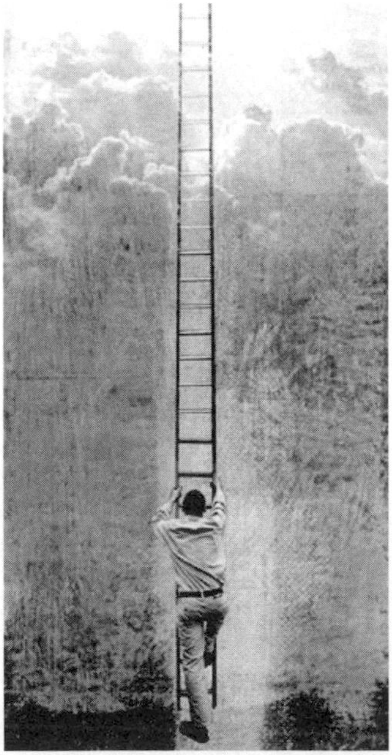

愛生氣的婦人

古時有一位婦人，特別喜歡為一些瑣碎的小事生氣。她也知道這樣不好，便去求一位高僧為自己開示。

高僧聽了她的講述，一言不發地把她領到一座禪房中，鎖了門就走了。

婦人氣得跳腳大罵。罵了許久，高僧也不理會。婦人又開始哀求，高僧仍置若罔聞。

婦人終於沉默了。

高僧來到門外，問她：「你還生氣嗎？」

婦人說：「我只為我自己生氣，我怎麼會到這地方來受罪。」

「連自己都不原諒的人怎麼能心如止水？」高僧拂袖而去。

過了一會兒，高僧又問她：「還生氣嗎？」

「不生氣了。」婦人說。

「為什麼？」

「氣也沒有辦法呀。」

「你的氣並未消逝，還壓在心裡，爆發後將會更加劇烈。」高僧又離開了。

高僧第三次來到門前時，婦人告訴他：「我不生氣了，因為不值得氣。」

「還知道值不值得，可見心中還有衡量，還是有氣根。」高僧笑道。

當高僧的身影迎著夕陽立在門外時，婦人問高僧：「大師，什麼是氣？」

高僧將手中的茶水傾灑於地。婦人視之良久，頓悟，叩謝而去。

勇氣格言：

生氣是用別人的過錯來懲罰自己的蠢行。既然如此，何苦要生氣呢？儘量讓自己的心態平和一些，生活就會充滿陽光。

嚐到鹹味了嗎

有一個師父對於徒弟不停地抱怨感到非常厭煩。於是有一天早晨，他派徒弟去取一些鹽回來。

當徒弟很不情願地把鹽取回來後，師父要徒弟把鹽倒進水杯裡，然後喝下去，並問他味道如何。

徒弟吐了出來說：「很苦。」

師父笑著讓徒弟帶著一些鹽，跟著他一起去湖邊。

他們一路上沒有說話。

來到湖邊後，師父要徒弟把鹽撒進湖水裡，然後對徒弟說：「現在你喝點湖水。」

徒弟喝了口湖水。

師父問：「有什麼味道？」

徒弟回答：「很清涼。」

師父問：「嚐到鹹味了嗎？」

徒弟說：「沒有。」

然後，師父坐在這個總是怨天尤人的徒弟身邊，握著他的手說：「人生的痛苦如同這些鹽，有一定數量，既不會多也不會少。我們承受痛苦的容積大小，決定了痛苦的程度。所以，當你感到痛苦的時候，就把你承受的容積放大些，不是一杯水，而是一個湖。」

勇氣格言：

痛苦儘管難以忍受，但它畢竟是有限的，而我們承受一切的心胸可以無限擴大，以致包容一切。心胸開闊，痛苦自然會變得輕微。

征服自己

小和尚凡了，不管遇到什麼事情都發愁。他憂慮的事情太多了——覺得自己太瘦了；覺得自己現在過的生活不夠好；擔憂自己給別人不好的印象；煩惱因為生了病而無法讀經書……

凡了決定到九華山去旅行，希望換個環境能夠對他有所幫助。上路前，師父交給他一封信並交代他到了九華山之後再打開看。

凡了到九華山後，覺得比在原來的廟裡更難過。因此，他拆開那封信，看看師父寫了什麼。

師父在信上寫道：「徒兒，你現在離咱們的寺廟三百多公里遠，但你並不覺得有什麼不一樣，對不對？我知道你不會覺得有什麼不同，因為你還帶著你的麻煩——也就是你自己。無論你的身體或是精神，都沒有什麼毛病，因為並不是環境使你受到挫折，而是由於你對各種情況的想像。總之，一個人心裡想什麼，他就會成為那個樣子；當你瞭解這點以後，就回來吧。因為那時，你已經好了。」

師父的信使凡了非常生氣，他覺得自己需要的是同情，而不是教訓。當時，他氣得馬上決定永遠不回師父修行的寺廟了。那天晚上，經過一座小廟，因為沒有別的地方好去，凡了就進去和一位老和尚聊天。老和尚反覆強調的是：「能征服精神的人，強過能攻城佔地。」

凡了坐在蒲團上，聆聽著老和尚的教誨，聽到和他師父同樣的想法——他腦子裡所有的胡思亂想一掃而空了。

凡了覺得自己第一次能夠很清楚而理智的思考，並發現自己真的是一個傻瓜——他曾想改變這個世界，改變所有的人，而唯一真正需要改變的，只是自己的心態。

第二天清早，凡了收拾行囊回廟去了。

當晚，他就平靜而愉快地讀起了經書。

勇氣格言：

我們內心的平靜，和由生活所得到的快樂，與我們身在哪裡、有多少金錢、或者是什麼身份無關，而在於我們的心境如何。

快樂與痛苦

曇照禪師每日對信徒開示都離不開：「快樂呀！快樂呀！人生好快樂呀！」可是有一次他生病了，在病中不時地說：「痛苦呀！痛苦呀！好痛苦呀！」

住持大和尚聽到了就責備他：「喂！一個出家人有病，老是喊苦呀苦呀，不好看哪！」

曇照問：「健康快樂，生病痛苦，這是當然的事，為什麼不能叫苦呢？」

住持答：「記得你有一次掉進水裡，快要淹死時，你且面不改色。那種無畏的樣子，視死如歸，那些豪情如今何在？你平時都講快樂，快樂，為什麼到生病的時候，要講痛苦，痛苦呢？」

曇照禪師對住持和尚道：「你來，你來，你到我床前來！」

住持到了他床邊，曇照禪師輕輕地問道：「住持大和尚，你剛才說我以前講快樂呀，快樂呀！現在都是說痛苦呀，痛苦呀！請你告訴我，究竟是講快樂對呢，還是講痛苦對？」

勇氣格言：

人生有苦樂的兩面。太苦了，當然要提起內心的快樂；快樂了，也應該明白人生苦的真相。過度的快樂會使人麻木，甚至樂極生悲；過分的痛苦，會苦得無味，甚至消磨掉一個人的鬥志。

小草

有一位國王很喜歡花草樹木。

一天，國王獨自到花園裡散步。使他萬分詫異的是花園裡所有的花草樹木都枯萎了，園中一片荒涼，國王很生氣。

到處瞭解情況之後才明白桃樹由於沒有橡樹那麼高大挺拔，因此輕生厭世死了；橡樹又因自己不能像葡萄那樣結許多果子，難過而死了；葡萄哀嘆自己終日匍匐在架上，不能直立，不能像桃樹那樣開出美麗可愛的花朵，於是太過憂戚，也死了；牽牛花則是病倒了，因為他嘆息自己沒有紫丁香那樣芬芳；其餘的植物通通都垂頭喪氣，沒精打采。讓國王感到意外的是，只有最細小、最脆弱的野草依然茂盛地生長著，蓬蓬勃勃，生機盎然。

國王蹲下來，輕輕地撫摸著野草，欣慰地問道：「小小的草啊，別的植物全都枯萎了，為什麼你這小小野草這麼勇敢樂觀，毫不沮喪？」

小草微笑著答道：「國王啊，我一點兒也不灰心失望，因為我知道，國王您如果想要一棵橡樹，或者一棵松樹、一株牽牛花，您只要叫園丁種下種子，放在溫室裡就行。而我知道，您希望於我的，就是安心地做小小的野草。」

勇氣格言：

其實在現實生活中，有很多時候我們感到不滿和失落，也僅僅是因為自己盲目地和別人比較，覺得別人比自己幸運。所以我們要學學心安草，正確認識和看待自己，相信自己，並在屬於自己的領域裡努力奮鬥，實現自己的人生價值，快樂也就不請自來了。

安心是禪

慧可向達摩禪師請教，「我的心不安寧，請師父教我安心之法。」

達摩伸手向慧可說：「把你的心拿來，我來安頓它。」

慧可一時愣住了，過了很長一段時間才說：「我找那個不安寧的心找了半天，但就是沒法找到。」

達摩說：「我已經把你的心安頓了。」

勇氣格言：

煩惱都是自己滋生出來的。感覺不到煩惱而不自尋煩惱的人，就沒有煩惱了。

太陽每天都照常升起

一位滿臉愁容的生意人來到智慧老人面前。

「先生，我急需您的幫助。雖然我很富有，但人人都對我橫眉冷對，生活真像一場充滿爾虞我詐的廝殺。」

「那你就停止廝殺呀！」老人回答他。

生意人對這樣的告誡感到無所適從，他帶著失望離開了老人。在接下來的幾個月裡，他情緒變得糟糕透了，與身邊每一個人爭吵鬥毆，也因此結下了不少冤家。一年以後，他變得心力交瘁，再也無力與人一爭長短了。

「哎，先生，現在我不想跟人鬥了。但生活還是如此沉重——它真是一副重重的擔子呀。」

「那你就把擔子卸掉呀！」老人回答。

生意人對這樣的回答很氣憤，怒氣沖沖地走了。在接下來的一年當中，他的生意遭遇了挫折，最終喪失所有的家當。妻子帶著孩子離他而去，他變得一貧如洗，孤立無援。於是他再一次向這位老人討教。

「先生，我現在已經兩手空空，一無所有，生活裡只剩下悲傷。」

「那就不要悲傷呀！」生意人似乎已經預料到會有這樣的回答，這一次他既沒有失望也沒有生氣，而是選擇待在老人居住那座山裡的一個小角落。

有一天，他突然悲從中來，傷心地號啕大哭了起來，一連幾天，幾個星期，甚至幾個月都在流淚。

最後，他的眼淚哭乾了。他抬起頭，早晨和煦的陽光正普照著大地。於是他又來到了老人的住所。

「先生，生活到底是什麼呢？」

老人抬頭看了看天，微笑著回答道：「一覺醒來又是新的一天，你沒看見那每日都照常升起的太陽嗎？」

勇氣格言：

生活不是悠閒的漫步。但是，你可以適當調整自己的心態，以閒適的心情來面對每一天、每件事。

年輕人

一個優秀的青年人聰明勇敢，並且有著宏偉的志向，唯一的毛病就是性子非常急躁，迫不及待地想要實現夢想。

一天，他對著天空嘆息：「我究竟還有多久才能獲得成功呢？為什麼所有事情都需要漫長的等待呢？如果我有一個能夠將時間加快向前走的小鐘該多好啊！我就可以不再艱苦地等待了，並可以更快地走向成功。」

這個時候，法力無邊的菩薩出現在他面前，給了他一個鐘說：「這就是能夠讓時間變快的小鐘，你可以如願了。但是，記住，這個時鐘只能幫助你快轉時間，卻不能倒轉。」

小伙子高興極了，他把鐘向前撥動了一小格，他就長大了許多，並且已經當上一個小官。

他高興地想：「如果我現在能夠有一個美麗的妻子就好了。」於是他又撥動了鐘，他的婚禮正在隆重地舉行，悠揚的音樂和醉人的美酒都出現了，他美麗的妻子正對著他甜蜜地微笑。

他又想：「快看看我什麼時候能夠當上大官吧。」於是他再次撥動了鐘。他已經是受到重用的達官貴人了，府邸豪華、家僕簇擁。

他心中的願望層出不窮，於是不停地撥動鐘，得到了更多的東西，也實現了人生的理想……

時間飛快地過去，生命很快就要走到盡頭。彌留之際，他開始後悔自己以前做任何事都那麼急切，還沒有認真享受生活，生命已經走到了盡頭。

如果可以重新來過，他一定願意等待的。但是後悔已經晚了，因為那個鐘只能向前轉，不能向後退。他躺在床上後悔莫及，痛哭流涕。突然，他哭著醒過來，發現自己仍然是一個年輕的小伙子，滿腹的壯志未酬。原來剛才只是一場夢。

他高興地跳起來，向菩薩祈禱：「原來，等待是一種經歷，慢慢體會人生是一種幸福。」

勇氣格言：

一位哲人說過：幸福與否，不在於目的的達到，而在於追求的本身及其過程。切莫在追逐夢想的旅途中走得太快，用心去欣賞沿途亮麗的風景，才不枉此生。

時間還沒有到

有一天，戒台寺周圍的一位小商人來向虛塵大師抱怨：「我聽了你的開示之後，採取了誠信的手段。發覺自己的顧客在逐漸增多，但為什麼我的收入還是不能增加呢？」

虛塵大師沒有著急，而是露出了微笑，他告訴這位商人：「有一棵蘋果樹，它接受了陽光、雨露、養料。春天開花，夏天結果，秋天成熟。成熟的時候，並非所有的蘋果都會同時成熟。有些蘋果早已紅透了，而有的依舊青青待熟。並非它不會成熟，只是時間還沒有到而已。」

商人此時平靜下來，他明白自己太急功近利了。在愉快中接受了批評，再三為自己的魯莽行為向虛塵大師道歉後，離開了寺院。

一年後，虛塵大師收到來自這位商人的一大筆捐贈。商人在信中說，因為商品「空前熱賣」，以致沒有時間親自到寺裡來致謝，僅以此信向虛塵大師致上最真誠的感激。

勇氣格言：

古往今來功成名就者，有少年英雄，也有大器晚成。不管怎樣，急於露頭角就難於成氣候，急功近利不足成大事。人生要秉持正道，更要善於等待。

從運動員到演員

著名的標槍運動員邁克・蘭頓出生在一個與常人不一樣的家庭裡。父親是個猶太人，因此十分排斥天主教徒，而母親卻偏偏是個天主教徒，並且一樣十分排斥猶太人。他小時候，母親是個偏執狂，經常鬧自殺，一有火氣便拿衣架打他出氣。在這種環境的影響下，他從小就有些膽怯，而且身體虛弱。

在邁克讀高中一年級的時候，一天，體育老師帶著他們到操場，教他們如何擲標槍，這次的經歷從此改變了他後來的人生。在此之前，不管他做什麼事都是畏畏縮縮的，對自己一點自信都沒有。可是那天奇蹟出現了，他奮力一擲，只見標槍越過了其他同學的紀錄，多出了足足有三十英尺。就在那一刻，邁克知道自己有這方面的能力。在《生活》雜誌的採訪中，他回憶道：「就在那一天我才突然意識到，原來我也有比其他人做得更好的地方。當時便請求體育老師將這支標槍借給我，那年夏天，我就在運動場上擲個不停。」

邁克發現了使他振奮的未來，而他也全力以赴，結果得到了驚人的成績。那年暑假結束返校時，他的體格有了很大的改變，之後的一整年，他特別加強重量訓練，提升自己的體能。高三時的一次比賽，他擲出了全美中學生標槍記錄，讓他贏得了體育獎學金。

直到他因訓練過度而嚴重受傷，必須永久退出田徑場，至此他失去了體育獎學金。為了生計，他不得不到一家工廠去擔任卸貨工人。

不知道是不是幸運之神的垂青，有一天他被好萊塢的星探發現了，問他是否願意在即將拍攝的一部電影——《鴻運當頭》中擔任配角。當時這部影片是美國電影史上所拍的第一部彩色西部片。邁克應允加入演出，從此就沒有回頭了。先是演員，後來成為導演，最後成為製片人，他的人生事業就此一路展開。

一個美夢的破滅往往是另一個未來的開始。邁克原先有個在田徑場上發展的目標，而這個目標引導著他鍛鍊強健的體格，後來的打擊又磨練了他的性格。這一切訓練，都成了他另外一個事業所需的特長，使他有了更耀眼的人生。

勇氣格言：

在一個美夢破滅時，他不是自暴自棄，而是為下一個目標做準備，時刻為新目標而努力。由運動員到演員，他所憑藉的正是一種毅力，並且不斷努力，決不放棄。

5

智慧人生

堅信自己成功的人，就已經成功了一半。

將心比心

母親曾說過一件事。有一次她去商店，走在前面的年輕婦女推開了沉重的大門，一直等到她走進去後才鬆開手。母親向她道謝時，那位婦女對母親說：「我的媽媽也和你的年紀差不多，我只是希望她遇到這種時候，也有人為她開門。」聽母親說了這件小事，我的心突然溫暖了許多。

一日，我生病去醫院檢查需要驗血，年輕的小護士為我扎了兩針都沒有扎進血管裡，眼見針頭扎過的地方長出了腫包。疼痛之時，我正想向她抱怨幾句，抬頭看見小護士急得額頭滿是汗珠，那一刻我突然想起了我的女兒。於是我安慰她說：「不要緊，再來一次！」

第三針果然成功了，小護士終於鬆了口氣，她連聲說：「阿姨，對不起。我真感謝你讓我扎了三針。我是來實習的，這是我第一次替病人扎針，太緊張了。要不是你的鼓勵，我真不敢繼續扎了。」

我告訴她，我也有一個和她差不多大的女兒，正在醫學院讀書，她也將有她的第一個患者，我真希望女兒第一次扎針，也能得到患者的寬容和鼓勵。

勇氣格言：

如果我們在生活中多點將心比心的感悟，就會對老人多一份尊重，對孩子懷有一份憐愛。讓愛在人與人之間傳遞，會使人與人之間多一些寬容與理解，少一些計較與猜疑。

生命的感動

早在兩三歲的時候，兒子就從奶奶口中得知自己是從媽媽肚子裡生出來的，並且看到了留在媽媽肚子上那條像蜈蚣一樣嚇人的疤痕。直到偶爾有一天從電視上看到做手術的真實場面時，他用他的小手把我的臉從電視螢幕上扭轉過來，很鄭重地問我：

「媽媽，你生我的時候一定流了很多血吧！」

「嗯。」

「有多少你跟我說嘛。」

「好多好多呢。」我只想儘快地把他搪塞過去，「喔！像電視裡的那麼多。」

其實，電視裡只是血淋淋的，並沒顯示有多少。

「到底有多少啊？」兒子一臉認真地問。

這下倒把我給難倒了，說好多好多本來就誇大其詞，再說下去就等於自己砸自己的腳。我只有含含糊糊地說：「我也記不清了，當時我都痛的暈過去了。」

「暈了幾天？」

「七天。」我脫口而出，顯然不符合事實，我趕緊更正補充說：「暈了整整一天一夜，接著就發高燒，躺在醫院病床上整整打了三天點滴，一瓶接一瓶的；七天後才拆線，在醫院住了十多天才回到家。」

兒子低垂著眼睛，很顯然他正在琢磨我那些誇大的事實。可是小臉上表情卻顯得認真。

我的眼睛還沒來得及停留在電視機螢幕上，兒子的一雙小手又把我的臉扭轉過來，一字一句地說：「媽媽，我以後再也不會煩你了！」

這時，心裡似乎被什麼撞了一下。

勇氣格言：

童心無邪，是因它的純淨，誰能不為之感動呢？童心充滿善良、同情和渴望。心與心偶爾會因故發生摩擦、碰撞，但瞬間便會重新溝通，重新聯結。

自信

有個小男孩非常自信。有一天他頭戴球帽，手拿球棒，走到自家後院。「我是世界上最偉大的打擊手。」

他自信滿滿地說完後，便將球往空中一扔，然後用力揮棒，但卻沒打中。他毫不氣餒，繼續將球撿起，又往空中一扔，然後大喊一聲：「我是最厲害的打擊手。」

他再次揮棒，可惜仍是落空。他愣了一下，然後仔細地將球棒和棒球檢查了一番。

之後他又試了一次，這次他仍告訴自己：「我是最傑出的打擊手。」然而他第三次的嘗試還是揮棒落空。

「哇！」他突然跳了起來，「我真是一流的投手。」

我們一輩子可能要面對到許多困境，在很多情況下，這都不是生存的絕境，而是一種精神的困境；如果你在精神上不認輸，我想外界的任何一切都不能把你擊倒才是。

一項研究報告指出，在美國得癌症的患者百分之六十是被自己嚇死的，只有部分才是自然死亡的。鑑於上述事實，美國著名心理學家馬丁·加德納，他竭力反對將真實情況告訴患者。

他曾做過一個實驗：讓一名死囚躺在床上，告之將被執行死刑，然後用木片在他的手腕上劃了一下，接著把預先準備好的一個水龍頭打開，讓它向床下的容器中滴水，伴隨著由快到慢的滴水節奏，結果那個死囚竟然昏了過去。一九八八年，他把實驗結果公佈出來時，遭到了司法當局的起訴，但他用事實告訴世人：精神才是生命真正的精髓，人一旦在精神上被擊垮，生命也就變形了。

現在，加德納是美國橫渡大西洋俱樂部的心理教練。在他的指導下，一個叫伯來奧的學生一舉成名。這位男子駕著獨木舟從法國的布勒斯特出發，橫跨大西洋和太平洋，歷時六個半月到達澳大利亞的布里斯班，創造了單人獨木舟橫渡大西洋的金氏紀錄。

有人懷疑，加德納是不是又在拿運動員做實驗。加德納反駁說：「我從沒做過什麼實驗，我只是在證實精神的作用。」

勇氣格言：

阿基米德說：「給我一個支點，我將移動地球！」這不是狂妄，是自信，因為他有著知識這根無窮大的槓桿。巴爾扎克發誓要在文壇上完成拿破崙未竟的偉業，憑的是堅韌不拔的毅力，表現出的也是自信。堅信自己成功的人，就已經成功了一半。

永遠

老婆婆的個子不高，但很胖，走路時需要用手杖支撐。每兩個月，老公公便陪著老婆婆去醫院複診，她患有高血壓。

有一天晚上，老婆婆左半身突然麻痺，儀器掃瞄顯示右腦有出血的症狀。醫生如實的告訴老公公，他的淚珠在眼眶裡打轉著。

出乎意料，老婆婆的情況不壞，頭腦清醒。入院後第五天，她問照顧她的護士：「這兩天我丈夫怎麼沒有來看我？」

「老公公這兩天有點急事需要處理一下，所以讓我轉告您，好好養病，等他把事情處理完了之後就回來看您，到時候接您出院一起去看風景。」護士回答道。

原來那天老公公送老婆婆入院以後，他自己也得了心肌梗塞，進了對面的病房。為了不讓老伴擔心，他要求護士不要告訴老伴。

二老沒有孩子，最親的是侄兒。侄兒帶了兩瓶果汁來醫院先探望老公公，再去對面病房，看望老婆婆。

又過了幾天，老公公的病情剛穩定下來，便嚷著要出院照顧老伴。經過一番討論之後，主治醫生想出了折衷的辦法。

老公公換上自己的衣服，坐著輪椅，由護士推到女病房門口，醫生跟在一旁以防不測。只見他蹣跚地站起來，攜著侄兒送的果汁，走到老伴床邊說：「買給你的。」

「這幾天不見你，病了嗎？」老婆婆關切地問。

「不是，」老公公擠出笑容道，「侄孫結婚，我幫他打點。」

老公公的心臟病一天天好轉，突然在準備出院那天，竟惡化撒手人寰。辦理完手續，侄兒覺得暫時別告訴老婆婆比較好，免得她受刺激。巡房時老婆婆又問：「我老伴帶來的果汁也喝完了，怎麼不見人？」

護士哄她道：「你忘了嗎？您的侄孫還有兩天便結婚啦！老公公熱心地在忙

著呢。」

第二天早晨，護士在外面的超市買了一瓶果汁，老婆婆醒來時，發現床頭多了一瓶果汁，護士對老婆婆說：「老公公剛剛來過，見您睡得很沉，他放下果汁就走了。」

當天下午，護士長忽然發現老婆婆停止了呼吸，經過二十分鐘的搶救，最終無奈宣佈失敗。

勇氣格言：

雖然「永遠」只有簡短的兩個字，卻沒有人能用文字說得完全，「永遠到底有多遠」它不會隨著生命的終結而消散。健康和生命是人生最大的財富，真正的永遠是藏在心裡的。儘管天會變，人會老，但一顆充滿愛的心永不變。

快樂的根

因為最近村子裡發生一連串的天災人禍，村民們焦躁不安，悶悶不樂。村長召喚來一位精壯的小伙子，吩咐道：「聽說終南山一帶出產一種快樂藤，凡得此藤者，皆快樂永遠，不知煩惱，你快去採吧！」

備足乾糧，配齊鞍轡，小伙子策馬揚鞭，一路風塵朝終南山飛馳而去。

在水草豐沛的終南山麓，小伙子發現一處藤蘿纏繞的小屋，一位老師傅正不辭勞苦地工作著。他衣食簡單，但仍然面掛喜色，不知疲倦。

小伙子畢恭畢敬上前詢問：「師傅，這些藤蘿能使您快樂嗎？」

「當然。」

「可以送些給我嗎？」

「當然可以。不過快樂不能僅憑藉幾株籐蘿，關鍵是要具備快樂的根。」

「埋在泥土中的根嗎？」

「不，埋在心中的根。」老師傅說。

勇氣格言：

如果堅韌、淳樸等等美好的品德埋在心中，就等於有了快樂的根，那麼，無論你走到何處，都會生長出快樂的藤蘿。任何時刻，我們都應保持樂觀的態度。捨棄了樂觀，而讓別人來主宰你的感情，自然體會不到快樂。讓快樂在心中扎根吧，讓自己隨時開心起來。

麻袋的經歷

有一戶人家很窮，可謂家徒四壁，常常是吃完這頓，下頓不知何時才有著落。下雨天，房子漏雨，而他們只能用一個破瓦盆來接水。家門口用來擦鞋的墊子也是一條髒兮兮、皺巴巴的麻袋。雖然沒有破，但麻袋還是為此覺得自己既卑賤又可憐！它難受極了，整天無精打采地匍匐在地上。

突然有一天，那戶窮人突然暴富。他們的錢把家裡所有的容器都裝滿了後還有一大堆。主人把麻袋也撿回家，把它洗得乾乾淨淨，裝進不計其數的金幣！

從此，裝滿了金幣的麻袋再也不用呆在門口被別人踩來踩去了。現在，它住在一個寬敞的大鐵箱裡，風吹不著，雨淋不到，蒼蠅也叮不著，享受著養尊處優的生活。每次有主人的朋友來拜訪，主人就會打開鐵箱，指著麻袋說：「瞧，我的寶貝！」那些人就會盯著麻袋，面露羨慕之色，不停地喊著：「天哪！天哪！」沒有朋友來時，主人每天也要花許多時間摟著麻袋，一邊撫著麻袋，聽著裡面金幣撞擊的聲音，一邊喃喃地說：「哦，我心愛的！你是我的希望！」

久而久之，麻袋變得盲目自大、目中無人了，經常口出狂言，說這個不好，罵那個不是。奇怪的是，不論麻袋說什麼，說得對不對，別人總是對它笑臉相迎，點頭哈腰，連連稱是。

這樣的情況維持了一段時間。後來，麻袋裡的錢開始慢慢減少了，主人和麻袋在一起的時間也越來越少了，再也沒有朋友來欣賞讚美它了。

直到有一天麻袋裡的金幣一個也不剩。原來，主人破產了，這家人又成了窮人。麻袋又重新被丟在門口，供人們在上面擦鞋或者抹去腳底下的泥。這時候麻袋才真正領悟，自己的地位一落千丈，原來是它不再被用來裝金幣了。

勇氣格言：

真正的生存境界，是獨立於物喜物悲之外，要清楚自己的存在是否必須依附任何外在事物。人要衣裝，而非靠衣裝。

志當存高遠

諸葛亮早年沒有兒子，把哥哥諸葛瑾的二兒子過繼為子，名為諸葛喬。諸葛亮做蜀國宰相時，諸葛喬跟著入蜀，被蜀主劉備封為駙馬都尉。就這樣，諸葛喬既是宰相的兒子，又是皇帝的女婿。像他這樣有身份有地位的人，當時留任蜀都，侍奉在皇帝左右，過著榮華富貴的安逸生活，本是無可非議的。但諸葛亮不想讓兒子依仗父輩的權勢而有特殊待遇，他命令諸葛喬離開舒適的宮廷，到蜀道上督運糧草。

於是，諸葛喬與其他將領一起，率領士兵五六百人，經常頂著漫天大霧，冒著風霜雨雪，長年輾轉跋涉在高山幽谷之中，生活之艱苦，可想而知。為了讓哥哥理解他這一番良苦用心，諸葛亮特地寫了一封信給諸葛瑾，信中說：「按理諸葛喬是可以回到成都去的，但很多將領的子弟都在解運軍需物資，大家應該同甘苦，共榮辱，所以我讓他去運糧草，這也能達到鍛鍊的目的。」這就是宰相嚴誡子、駙馬解軍糧的故事，被後世傳為佳話。

後來，諸葛亮有了一個親生兒子，名叫諸葛瞻。他對待嫡子和繼子一樣嚴格。他為諸葛瞻起的字叫「思遠」，取「志當存高遠」之意。他還寫了一篇《誡子書》送給諸葛瞻，作為兒子的座右銘。

其主旨仍然是要求兒子樹立遠大志向，「淡泊明志，寧靜致遠」、「靜以修身，儉以養德」、「非學無以廣才，非志無以成學」，就是其中的具體要求。在《誡子書》中，諸葛亮最後還特別警告兒子，年輕時如果不立下志向，學有所成，那麼，隨著年歲增長，年華消逝，意志喪失，到頭來就會像無用的枯枝落葉，悲傷地在破茅屋裡了卻一生。等到了這樣的地步時，後悔也來不及了。

諸葛亮對子孫的教育不只停留在口頭上，而且採取了實際有效的措施。他去世的時候，留給子孫的遺產只有八百株桑樹，十五頃薄田。在外人看來，一個官位顯赫、功勳蓋世的蜀國宰相，只為子孫留下這麼一點點田產，實在不可理解。

但在諸葛亮眼裡，留下這麼多桑樹和田畝，只要他們辛勤耕耘，已經能夠豐衣足食了，財產留多了反而沒有好處。

諸葛亮的子孫後代沒有辜負先輩的教育。諸葛瞻少年有為，十七歲就當上了騎都尉，後從羽林中郎將升為軍師將軍。炎興元年（西元二六三），魏將鄧艾率十萬大軍伐蜀，諸葛瞻親自掛帥，奮勇抵擋。鄧艾派使者前來誘降：「你若降魏，表請封為琅琊王。」諸葛瞻不為所動，怒斬來使，領兵上陣，浴血戰鬥，最後以身殉職。

勇氣格言：

物質生活的改善本無可厚非，但總是處於溫室中的花朵，絕無法抵擋暴風雨的襲擊。一味地滿足孩子的各種慾望和要求，最終可能害了孩子。

做人要低調

喬治・吉爾是美國著名的記者，在他一生中，影響最大的就是他的父親。他父親為他樹立了謙虛做事，低調做人的榜樣。

在喬治・吉爾的記憶中，父親一直就是瘸著一條腿走路的，他的一切都平淡無奇。所以，他總是想，母親怎麼會和這樣一個人結婚呢？

一次，城裡舉行中學生籃球賽，他是主力球員。他對母親說出了心願，希望母親能去參加他的比賽。母親笑著說：「那當然，就算你不說，我和你父親也會去的。」

他聽完搖了搖頭說：「我不是說父親，我只希望你去。」

母親很驚訝地問：「這是為什麼？」

他勉強地笑了笑說：「我總認為，一個身障人士站在場邊，會讓我覺得丟臉。」

母親歎了一口氣說：「你嫌棄你的父親？」

父親這時正好走過來：「那幾天我得出差，你們去就行了。」

比賽很快就結束了，喬治的球隊得了冠軍。在回家的路上，母親很高興：「要是你父親知道了這個消息，他一定會很高興的。」

喬治沉下了臉說：「媽媽，我們現在不提他好不好？」

母親受不了他的口氣：「你必須告訴我這是為什麼？」

喬治滿不在乎地笑了笑：「不為什麼，就是不想在這時提到他。」

母親的臉色凝重起來：「孩子，這話我本來不想說，可是我再隱瞞下去，很可能會傷害到你的父親。你知道你父親的腿是怎麼瘸的嗎？」

喬治搖了搖頭說：「不知道。」

母親說：「那一年你才兩歲。父親帶你去公園裡玩。在回家的路上，你左奔右跑。忽然，一輛汽車急馳而來，你父親為了救你，左腿被壓在車輪下。」

喬治頓時呆住了：「這怎麼可能呢？」

母親說：「怎麼不可能？這些年你父親一直不讓我告訴你罷了。」

二人慢慢地走著，母親說：「有件事可能你還不知道，你父親就是布萊特，你最喜歡的作家。」

喬治驚訝地跳了起來：「你說什麼？我不信！」

母親說：「這事實你父親也不讓我告訴你。你不信，可以去問問你的老師。」

喬治急急地向學校跑去。老師面對他的疑問，笑了笑說：「這都是真的。你父親不讓我們透露這些，是怕影響你的成長。現在你既然知道了，那我就不妨告訴你，你父親是一個偉大的人。」

兩天以後，父親回來，喬治問父親：「你就是大名鼎鼎的布萊特嗎？」

父親愣了一下，然後就笑著說：「我就是寫小說的布萊特。」

喬治拿出一本書來：「那你先替我簽個名吧！」

父親看了他片刻，然後拿起筆來，在扉頁上寫道：「贈喬治，做人要低調一點，生活其實比什麼都重要。布萊特。」

多年以後，喬治成為一名出色的記者。這時，有人請他介紹自己的成功之路，他就會重複父親的那句話：「做人要低調一點，生活其實比什麼都重要。」

勇氣格言：

喬治·吉爾的父親用行動告訴孩子做人不要太張揚，儘量低調一點。其實，當我們慢慢長大成熟，就會逐漸明白很多我們不曾發現的感動，這需要從實際生活中去發現、去體會，因為生活比什麼都重要。

用毅力感化孩子

提起橋本龍太郎的父親橋本龍伍，不少熟人都會由衷地感歎：「真不愧是一個令人欽佩的血性漢子。」如果沒有這樣的一位父親，也就不會有今日的橋本龍太郎。

橋本龍伍出生於明治三十九年（一九〇六年），是當時「大日本」啤酒公司常務董事橋本卯太郎的第五個孩子。橋本龍伍從小即聰穎好學，深得父母喜愛。正當橋本龍伍上小學三年級時，不幸患了腰椎骨結核，從此活潑的他開始飽受疾病的折磨，他像一隻小鷹被折斷了渴望翱翔天際的翅膀。但橋本龍伍以弱小的軀體展現出驚人的毅力繼續學習，雖然病魔對他活潑好動的天性是一種極大的壓抑，但橋本龍伍卻以毅力將痛苦轉化成了力量。

橋本龍伍好不容易堅持到小學畢業，但到中學一年級的時候終因病情惡化住進了東京的駿河台醫院。龍伍在床上一躺就是十一年，這是與病魔艱苦抗爭的十一年。在當時惡劣的醫療條件下，只要稍有絕望之意，病魔就可以輕而易舉地奪走一個人的生命。

臥病在床的龍伍一直蟄居在家中，但在他二十歲的時候，奇蹟竟然發生了，他的病突然開始迅速地恢復，最後只剩下左腳不聽使喚。於是，他頑強地拄著枴杖走進了第一高等學校的大門，並從此發奮學習。

然而，身為一個身障人士，人生之路有許多大門總是對他緊閉著，他不能被社會所接納。龍伍並未被擊倒，反而以殘疾之軀與社會進行頑強的抗爭。橋本龍伍憑毅力和優異的成績，考入當時日本的最高學府，國立東京大學法律系。

不管怎樣說，一個殘疾父親在兒子身上打上的烙印遠比常人來得深刻。在橋本龍太郎小學三年級的時候，一天，橋本龍太郎與同伴談論起了各自的父親，人人都在爭先恐後地誇耀著自己可敬的父親。然而正當橋本龍太郎沉浸在對父親的敘述中時，突然傳來一種帶有挑釁與蔑視的聲音：「龍太郎，你有什麼好說的，你父親不過是個瘸子。」

橋本因興奮而漲紅的臉霎時變得慘白，像受了奇恥大辱一樣，他一口氣奔回了家，見到繼母，立刻撲在繼母懷裡，悲傷的哭道：「媽媽，爸爸為什麼是個瘸子？」

橋本龍伍的第二任妻子明白一切之後，她平靜地說：「是的，你爸爸是個瘸子，但他比正常人更堅強，更健康。」接著她為兒子講述了橋本龍伍令人肅然起敬的一切。

橋本龍伍也曾為自己的不幸而黯然神傷過，每當寒暑假一過，同學們總會興高采烈地說起假期中的各種旅遊趣事。而橋本龍伍只能在一旁撫摸著自己那乾癟短小的殘腿，暗自傷心。「我難道只配做一個身障人士嗎？」多少個夜晚，橋本龍伍一遍又一遍地問自己。

「不，我的人生不應如此！」橋本龍伍立下了一個明確而堅定的志向，「儘管腿不行，我也一定要去登山，就不信我的腿征服不了一座大山。」

在一次次向自己挑戰的登山中，橋本龍伍遭遇無數次的失敗與挫折。他拄著枴杖，拖著殘腿，經歷了無數的坎坷，在巍峨連綿的高山面前，橋本龍伍不過是一隻默默蠕動的螞蟻，但他最終屹立於高山之巔，在精疲力竭中依然縱聲大笑。

橋本龍伍向一切體育項目發起過挑戰，他練自行車、游泳、高爾夫球，甚至還想練國標舞，由於腿不靈活而不得不放棄。

一九二二年在他住院期間，遇上了關東大地震。當時彷彿天塌地陷，醫院一片混亂，人人爭先恐後，你推我擠的跑出病房外。而龍伍卻只能躺在床上絲毫不能動彈，熊熊大火迅速向他逼近，他痛苦而絕望地閉上溢滿淚水的雙眼。千鈞一髮之際，大哥從火堆裡衝了進來，背起龍伍就往外衝去，龍伍終於死裡逃生。

這件事震醒了龍伍，一個人的生命是多麼渺小啊！不用說地震，就是自己的腿疾，都可能輕易地奪走生命。如果一味絕望，一味痛苦，這種死亡可能來得更加迅速，更加不留情，一直怨天尤人舔著自己的傷口是懦弱的表現，必須學會自己拯救自己。

從此，龍伍拿起了久違的書本。不管病情怎樣發展，也不管多少次眼看病人走進醫院，不久卻被蒙上白布抬出去，龍伍心裡卻極為平靜。一本又一本的書被他認真地閱讀過，知識開始像一劑良藥，汩汩地注入他原本脆弱的心田，治癒了心裡的創傷。

透過讀書學習，龍伍重新找到了生活的樂趣，他發現在這裡還有一片充滿誘惑的天地。

臥病期間，龍伍最大的嗜好便是讀書。讀書從此成為他的主要生活方式之一。這種方式不僅能接受到大量的知識，最重要的是他樹立起了對生活的信心。即使在劇烈的病痛中，只要有閱讀，他就能夠體驗到一種發自內心的愉悅。從此，無論是公務繁忙，還是在家休閒，書籍都是他永遠的伴侶。

龍伍決心把這個好習慣傳給兒子。從小，龍伍就買回大量的兒童書籍放在家裡，但他很少有空親自教兒子讀書。他認為，做父母的花上大量時間，強迫兒子聽自己講解是不應該的，幫助兒子將「要我讀書」轉變為「我要讀書」的觀念，才是最重要的。

除了學好學校裡的課程，龍伍總是鼓勵孩子儘量多涉獵一些課外書籍，這對學校學習不是一種妨礙，而是一種拓展。

橋本龍太郎上中學三年級的時候，發生了一件事，讓龍太郎銘記終身。

當時，按規定，橋本龍伍已有資格享有專車接送上下班的權利。恰好一天下午，龍伍沒有預定的行程，因此不需出門。國會的專車正要打道回府，途中碰上放學回家的龍太郎與大二郎兄弟。

在兄弟倆的央求下，專車司機就帶他們去兜風了。那時坐汽車還是新鮮事，龍太郎兄弟高興得在車上又唱又叫。沒想到這事讓橋本龍伍知道了。兄弟倆餘興未消，興沖沖地走進家門時，就聽見父親大發雷霆：「國會的專車是專門為公事而設的，怎麼能用它去兜風，簡直豈有此理！」

聽了這話，兄弟倆嚇得手足無措，深感自己做錯了事，慚愧之餘他們自己懲罰自己，連連用拳頭敲打自己的頭。這是龍伍有生以來第一次在兒子面前發火。

在父親的教育下，龍太郎最終成為一名出色的政治家。

勇氣格言：

父母是孩子最好的榜樣，父母的言行舉止影響著孩子的行為。在閱歷和經驗方面父母遠勝於孩子，因此父母的指導很重要，在孩子心智尚未完全成熟之前，父母就是孩子最好的教師。

平等

南非著名的黑人領袖曼德拉，出生在南非特蘭斯凱的一個酋長之家。他十二歲時，父親便因病去世，臨終前將尚未成人的小曼德拉托付給了滕布族的大酋長達林戴波監護，並囑咐大酋長對他嚴加管教，使他長大後能夠繼承父業。

童年時代的生活對曼德拉一生的影響是最深刻的，它確立了曼德拉的生活信念，也決定了他未來的道路。

曼德拉後來回憶這段往事時說：「那時，我希望社會能給我機會，讓我為人民服務，為他們爭取自由的鬥爭，貢獻出我微薄的力量。」

他為了尋求黑人的未來，開始了自己的事業。在政治舞台上，曼德拉是一位堅貞不屈的鬥士。在家庭裡，他卻是一位溫和的丈夫、慈愛的父親。和妻子溫妮結婚之後，由於艱苦的鬥爭生活，他和妻子長期不能見面，因此溫妮獨自帶著女兒在艱難中度日。

許多年後，他知道女兒在一家雜誌社工作，同時在戀愛中遇到一些挫折。曼德拉寫了一封信給女兒，告誡女兒要珍惜學業，要注意培養意志。

他在信中寫道：

為了適應妳今天的處境，妳正在進行自我調整，設法使自己感到幸福。對此，我激動萬分。孩子，只要有鋼鐵般的意志，妳就可以把不幸變成優勢。如果不是這樣，妳媽媽早該變得失魂落魄了。

關於那位男朋友，我對情況瞭解不夠，難以為妳提供恰當的建議。生活中，很少有人能找到十全十美的男朋友或女朋友。一般說來，雙方真誠相愛就足夠了，剩下的是相互諒解和相互影響。坦率而求實的討論可以使那些微妙的難題迎刃而解。

有一件事要牢記，永遠不能允許任何人欺侮妳，不管他是誰，不管妳愛他愛得多麼深。我不能容忍任何企圖欺侮你妳的人，這樣說一說是否會使妳稍稍感到輕鬆些了呢？

人生會有這樣的時刻：人們忘記了自己生而為人的可貴天賦，忘記了無論碰到任何困境，都要散發著高尚的情操。

人生也有這樣的時刻：永遠充滿自信的人開始猶豫不決，潛在的天才看上去還不及平庸之輩。

曼德拉極為重視學業，重視意志的磨練和高尚情操的培養，這是他對女兒的要求，他自己也是這樣做的。

勇氣格言：

現在有些家長動不動就嚇唬孩子命令孩子。雖然一時得逞，孩子聽話了，但是這也會為他們幼小的心靈造成傷害，甚至出現叛逆心理，傷害親人之間的感情，何不像曼德拉這樣平心處之？

因材施教

祖沖之是南北朝時期的科學家。他推算的圓周率比歐洲早一千多年。他編製的《大明曆》首先考慮到歲差問題，對於日月運行週期的數據比當時的其他曆法更為準確。

然而，有誰能相信，這樣一位偉大的科學家，小時候竟經常挨打，甚至被斥責為「笨蛋」、「蠢牛」呢！

祖沖之的父親祖朔之，是位小官。他望子成龍心切，祖沖之不到九歲，父親就逼迫沖之去背誦深奧難懂的《論語》，讀一段，就叫他背一段。兩個月過去了，祖沖之只能背誦十多行，氣得父親把書摔在地上不教了，並且怒氣沖沖地罵道：「你真是一個大笨蛋啊！」

過了幾天，父親又把沖之叫來，教訓他說：「你要用心讀經書，將來就可以做大官。不然，就沒有出息。現在，我再教你，你再不努力，就決不饒你。」

可是父親越教越生氣，祖沖之也是越讀越厭煩。他皺著眉頭，憤憤地說：「這經書我再也不讀了。」

氣得父親額頭上的青筋都爆出來了，忍不住伸手打了祖沖之幾巴掌，打得兒子號啕大哭起來。父親口裡還不斷罵「笨蛋」、「蠢牛」、「沒出息」。

正在這時，沖之的祖父來了，問明原因，就對祖朔之說：「如果祖家真的出了笨蛋，你狠狠打他一頓，就會變聰明嗎？孩子是打不聰明的，只會越打越笨。」沖之的祖父對朔之還嚴厲地批評說：「經常打孩子，不僅起不了任何好作用，而且還會使孩子變得粗野無禮。」

祖朔之說：「我也是為他好啊！他不讀經書，這樣下去，有什麼出息？」

「經書讀得多就有出息，讀得少就沒有出息？我看不一定吧。有人滿肚子經書，卻只會之乎者也，什麼事也不會做！」沖之的祖父繼續批評道：「他不讀經書也不能硬趕鴨子上架。他讀經書笨，說不定做別的事情很靈巧呢？身為大人，要細心觀察孩子的興趣，加以誘導。」

有一次，祖沖之問爺爺：「為什麼每月十五的月亮一定會圓呢？」

爺爺解釋說：「月亮運行有它自己的規律，所以有缺有圓。」

祖沖之越聽越有趣，從此，經常纏著爺爺問個不停。爺爺便對沖之說：「孩子，看來你對經書不感興趣，對天文卻是用心鑽研。正好，咱們家裡的天文曆書多得很，我找幾本你先看一看，不懂的地方問我。」

祖朔之這時也改變了對兒子的看法，每天教孩子讀天文方面的書，有時祖孫三代一起研究天文知識。就這樣，祖沖之對天文曆法的興趣越來越濃了。

從此，十多歲的祖沖之經常找當時著名的天文學家何承天一起研究天文曆法。後來，祖沖之終於成為一名傑出的科學家。

勇氣格言：

不要動不動就跟別人作比較，孩子不喜歡父母拿他與別人比，特別是與比他強的孩子相比。如果老拿別人比較，孩子容易產生反抗心理，不自覺地放棄進取。父母應尊重孩子，相信自己的孩子。

捕猴

有一個地區，居民們為了捕捉猴子，便在樹林裡放許多盒子，裡面放著果仁，猴子一旦將手伸進去，便不可能收回來了。那個盒子實際上是個夾子，專門捕猴用的，猴子只要經不起誘惑，最終還是會被夾住。

看起來，動物總是很笨，老是鑽進人所設好的圈套。有時候真的很想笑，笑牠們永遠比不上人聰明。然而我們往往忽略了其實人也會遇到很多的誘惑。

生活中的誘惑，就像魚鉤上的餌，看起來美味誘人，可是，我們不能忘了，在餌的裡面，還藏著一個鉤。

生活中的誘惑，就像是這放有果仁的盒子，縱然裡面有著美味的食物，但還藏有一個夾子。

誘惑，就像個表面鋪滿草、插滿花的陷阱，美好的表面深藏著可怕的危機。

勇氣格言：

面對誘惑，我們之所以常常抵抗不了，是因為我們的貪慾，別忘了人要是貪心起來，往往會勝過猴子和魚，因此人往往比動物更容易掉進陷阱！

壞鄰居

在美國東部有一所非常著名的學府，它的名字享譽全球，在學術界裡無人不曉。它的錄取門檻高得出奇，要達到平均九十分以上才會被錄取。

每門功課的學費相當於普通家庭整個月的開銷，學生常穿著印有校名的T恤在街上招搖……。

但是，這個學校有著另一個嚴重的困擾。它緊鄰著一個治安非常糟糕的貧民區，學校的玻璃經常被打破，學生的車子總是被偷，晚上還常常遭搶。

「我們這麼偉大的學校，怎能有如此糟糕的鄰居。」董事會議一致通過：「把那些壞鄰居趕走！」方法很簡單——以學校雄厚的財力把貧民區的土地和房屋全部買下，改為校園。

於是校園變大了。但是問題不但沒有解決，反而變得更嚴重了，因為那些貧民雖然搬走了，卻只是向外移，隔著青青的草地，學校又與新貧民區相接，加上廣大的校園難於管理，治安狀況更糟了。

董事會沒有辦法了，請來當地的警官共商良策，以求應對。

「當你們與鄰居相處不來時，最好的方法不是把人趕走，更不是將自己封閉，而應該試著去瞭解、溝通，進而影響、教育他們。」警官說。

校董們發現，身為世界最著名學府，竟然忘記了本身具有的教育功能。此後，他們設立了平民補習班，送研究生去貧民區調查探訪，捐贈教育器材給鄰近的中小學，並輔導就業，更開闢部分校園為運動場，供青少年們使用。

沒過幾年，這所學校的治安環境已經大大改善，鄰近的貧民區。生活條件也漸漸好轉。

勇氣格言：

教育是縮小精神及物質貧富差距的最根本方法。要想試圖改變他們不如試著接近他們，想與你的差勁鄰居和平相處，最好的方法就是去幫助他、影響他。貧富、好壞差距過大，絕不會長治久安。

6

心靈感悟

「永遠到底有多遠？」它不會隨著生命的終結而消散。

罰抄寫

交警在十字路口攔住一輛闖紅燈的汽車。車裡的女士自稱是小學教師，趕著去上課，馬上就要遲到了，「希望能得到您的諒解。」她說。

交警聽了，喜出望外：「太好了！幾年來我一直在等，想抓住一個小學教師。你給我過來把『我闖紅燈』四個字抄寫三百遍，這可是我上小學時就立下的志願。」

勇氣格言：

聽起來，這只是個笑話，但對那些隨意懲罰學生、全無愛心的老師而言，也算是個報應。以身作則這幾個字，很多人都做不到，就像廣告裡說的，「要刮別人的鬍子前，先刮刮自己的。」

高利貸

在一次段考中，一個男生的考卷得了五十九分。他找到我說：「老師，您就再加一分吧，就一分。求求您啦！」

我說：「絕對不給加分，但是我可以幫你把總分改成六十分，算我借給你一分。不過你可要想好啊，這一分不能白借，是要還利息的，借一還十，下次考試我要扣掉你十分，怎麼樣？要是覺得不划算就不要借了。」

男生咬了咬牙說：「我借。」

結果，在下一次測驗中，他得了九十一分，扣掉十分，淨剩八十一分。

勇氣格言：

教育的方式有很多種，也許是有制度的，但卻沒有公式。很多的規定是死的，而人是活的，不同的激勵方法所造成的結果，也許會不太一樣。

直覺

天熱了，學校離海邊不遠，校長把學生帶到海邊去玩。他自己站在水深處，規定學生以他為界，只准在水淺處玩。

小孩都樂瘋了，連膽小的同學也下了水，終於，大家都玩得非常盡興，紛紛上岸。這時發生了一件事，把校長嚇了一跳。

原來，那些一二年級的小女孩上岸後，覺得衣服濕了很不舒服，便當眾把衣服脫了，在那裡擰起水來。光天化日之下，她們竟然成了一個小小天體營。

校長第一個衝動便是想上前去喝止。但好在，憑著多年老師的直覺，他等了幾秒鐘，發現周圍其實沒有人大驚小怪。高年級的同學沒有投來異樣的眼光，傻傻的小男生更不知道女同學們不夠淑女，海灘上一片天真歡樂。小女孩做的事並未騷擾到任何人，她們很快擰乾了衣服，重新穿上，像船過水無痕，什麼麻煩都沒有留下。

不難想像，如果當時校長一聲吼罵，會給那個快樂的海灘之旅帶來多麼尷尬的陰影。小女孩會永遠記得自己當眾出了醜。

勇氣格言：

不要用成人的眼光看待孩子，也不要用自己的標準強求別人。很多事情本無所謂是非，可在是非人的眼裡，就會生出是非來。

四塊糖

小學校長在校園裡看到一個小男生用石頭砸自己班上的男生，當即制止了他，並叫他放學後到校長室去。

放學後，小男生來到校長室，校長已經等在門口了。一見面，校長就掏出一塊糖送給他，並說：「這是給你的，因為你按時來到這裡。」

小男生遲疑地接過糖。隨後，校長又掏出一塊糖放到他手裡說：「這塊糖也是給你的，因為當我要你不再打人時，你立即就住手了，這說明你很尊重我，我應該獎勵你。」小男生驚訝的把眼睛睜得大大的。

校長又掏出第三塊糖塞到小男生手裡說：「我調查過了，你用石頭砸那些男生，是因為他們不守遊戲規則，欺負女生。你砸他們，說明你很正直善良，有跟壞人討公道的勇氣，應該獎勵你！」

小男生感動極了，他流著眼淚後悔地說道：「……校長，你……你打我兩下吧！我錯了，我砸的不是壞人，而是自己的同學……」

校長隨即滿意地笑了，他馬上掏出第四塊糖遞過去：「為你正確地認識了錯誤，我再獎勵你一塊糖。可惜我只有這一塊糖了，我的糖發完了，看來我們的談話也該結束了吧！」說完，就走出了校長室。

勇氣格言：

教育工作者也好，父母家長也好，打罵斥責孩子的方式不一定有用，要讓他們知道錯在哪裡，「硬性」教育只會適得其反。要懂得尊重孩子，他們才會尊重你，並聆聽你的教誨。

粗心

有位醫學院教授，在上課第一天對他的學生說：「當醫生，最要緊的就是膽大心細！」說完，便將一隻手指伸進桌上的一杯尿液裡，再把手指放進自己的嘴中，接著又將那杯尿液遞給學生。

看著每個學生都忍著嘔吐，照樣把探入尿杯的手指塞進嘴裡，教授笑嘻嘻地說：「不錯，你們每個人都夠膽大，只可惜不夠細心，沒有注意我探入尿杯的是食指，放進嘴裡的卻是中指啊！」

另外有位法學院的教授，上課時說了一個故事：「有三隻獵狗追一隻土撥鼠，土撥鼠鑽進一個樹洞，居然從樹洞的另一邊跑出一隻兔子，兔子飛快地向前奔跑，並跳上另一棵大樹，卻沒站穩從樹枝上掉了下來，砸暈了正仰頭觀望的獵狗，兔子終於逃脫。」

故事說完，許多學生提出他們的疑問：兔子怎麼會爬樹呢？一隻兔子怎麼可能同時砸暈三條獵狗呢？

「這些問題都不錯，顯示了故事的不合理性。」教授說，「可是更重要的事情，你們卻沒問土撥鼠到哪裡去了？」

還有位教美術史教授，在談到畫家使用的顏料時說：「將貝殼燒烤之後，磨成細粉，再以膠調和，可以做成白色的顏料。」

接著，教授便進行考試，其中有一道是非題：「如果你在海邊撿到了貝殼，帶回家放進烤箱，以五百度烤上三十分鐘，再拿出來磨成粉，以膠水調和，可以做成黑色顏料。」

結果大部分學生都沒有看完這個題目，便十分自信地答「是」。

勇氣格言：

粗心大意，自以為是，做事沒有足夠的細心和耐性，是現代人的通病。把事情做到成功做到完美，除了需要不懈的努力外，更要認真細心。往往一個小失誤就會釀成大錯。

一諾千金

一九九八年十一月九日，美國猶他州土爾市一位小學校長——四十二歲的路克，在雪地裡爬行了一點六公里，歷時三小時去上班，受到路人和全校師生的熱烈歡呼。

原來，這學期初，為激勵全校師生的讀書熱情，路克曾公開打賭：「如果你們在十一月九日前讀書十五萬頁，我就會在九日那天爬行上班。」

全校師生們拼命讀書，連幼稚園的孩子也參加了這個活動，終於在十一月九日前讀完了十五萬頁書。

有的學生打電話給校長：「你爬不爬？說話算不算數？」

也有人勸他：「你已達到激勵學生讀書的目的，不要爬了。」

可是路克堅定地說：「一諾千金，我一定爬著上班。」

跟其他日子一樣，路克在早晨七點離開家門，不同的是他沒有駕車，而是四肢著地爬行上班。為了安全和不影響交通，他不在公路上爬，而在路邊的草地上爬。過往汽車向他鳴笛致敬，有的學生索性和校長一起爬，新聞媒體也前來採訪。

經過三小時的爬行，路克磨破了五副手套，護膝也磨破了，但他終於到了學校，全校師生鼓掌夾道歡迎他。當路克從地上站起來時，老師都落淚了，孩子們蜂擁而上，擁抱他，親吻他……

勇氣格言：

一個人許下承諾非常容易，它常常不費力氣，但要履行自己的諾言，卻要比承諾時難上一千倍。只有遵守諾言的人，才會受到別人的尊重。

沒有犯錯的要懲罰

史密斯有五個孩子，整天嘰嘰喳喳，好像一群小鳥，有時讓人喜歡，有時卻又讓人煩透了。因為五個孩子都調皮搗蛋，凡事都非要問到底不可。

史密斯先生剛回家，太太就迎上來說：「快去看看你的孩子們吧，他們快把屋子給拆了！」史密斯先生一看，屋子裡亂七八糟，玩具垃圾到處都是。史密斯夫人把情況大概告訴了史密斯先生。於是，史密斯先生叫來了五個孩子。

「托米，請你回答我，昨天剛買的鬧鐘，為什麼今天就不走了呢？」

「是這樣的，親愛的爸爸，」托米說，「我想知道它的指針為什麼走個不停，於是我把它給拆了，我也把它裝好了，只是……只是多出來幾個螺絲釘不知道怎麼回事。」

「喔，好吧，你想知道一件事的原因，這很不錯，那麼我就不罰你了。不過，你得想辦法把那幾個螺絲釘裝上去。」

「那麼，窗外的碎玻璃渣是怎麼回事？吉姆，我的水杯哪裡去了？」

吉姆說：「爸爸，偉大的科學家伽利略說過，重量不同的物體，在同一高度同時下落，會同時著地。於是我用鐵球和您的玻璃杯做個實驗，印證了他的話。但不幸的是，您可愛的玻璃杯落到了水泥地上。」

「你的探索精神真令我高興，但下次用你自己的東西好嗎？」

「草坪為什麼成了大花臉，安德魯？」

「我……我只是想幫媽媽忙，可是除草機不太聽我的使喚。」

「想幫媽媽忙是好的，不過，下次先向媽媽學習。」

「瑪莎，妳一向是最聽話的，可是妳為什麼把可愛的小狗托德弄進了寵物醫院。」

「我餵牠吃了些東西。」

「牠餓了，當然應該餵牠吃飯，可是你為什麼餵牠安眠藥？」

「我只是想看看安眠藥對狗有沒有用。」

「算了，但妳以後要記住，安眠藥是我吃的。」

威廉笑著拉著史密斯先生的手說：「爸爸，您該鼓勵我，我今天什麼錯都沒有犯。」

「喔，那你今天做了什麼事呢？」

「我今天什麼都沒有做。」

「這不好，孩子。」史密斯先生嚴肅地說，「我來告訴你犯了什麼錯。你浪費了一天的時間，這就是最大的錯誤。在勞動和探索中犯錯，錯誤是可以原諒的。如果因為害怕犯錯，而什麼也不做，這樣的錯誤才是不能原諒的。那麼我就罰你認真思考你的錯誤，另外再把屋子收拾好，去吧。」

勇氣格言：

史密斯原諒了四個犯錯的孩子，卻懲罰了沒有犯錯的孩子，我們感到奇怪，這是為什麼呢？寧肯犯錯誤也不要因為怕犯錯而荒廢時間，史密斯的教育方法對現代社會來說，很有實際意義。

杯子滿了

一天，南因先生家裡來了一位客人，要向南因請教學問。南因先生抽空接待了他。

賓主落座之後，客人沒有聽他說話，自己卻滔滔不絕地大談起來。從生活、工作以及家庭，又談到事業和研究，一口氣說了大半天，南因先生幾次想插話都未能成功。

南因先生靜靜地聽著，過了一會兒，他站起身來，走進廚房，端來了茶。他往客人的杯子裡倒茶，眼看就要倒滿了，但是仍不停手繼續在倒，彷彿根本沒有看見一樣。

高談闊論的客人一開始覺得十分奇怪，看到南因先生還沒有停下，水已經開始往外溢了，他終於忍不住了。

「你沒看見杯子已經滿了嗎？」他說，「再也倒不進去啦！」

「這倒是真的，」南因終於住了手，「和這個杯子一樣，你自己已經裝滿了想法。要是你不給我一隻空杯子，我怎麼講給你聽呢？」

勇氣格言：

如同必須清空裝滿水的杯子才能容納更多的東西一樣，要使自己的思想吐故納新，就要及時將大腦清空。人亦如杯子，許多私心雜念纏繞著我們，使我們無法專注精力，因此想認真做好一件事，請給我一個「空杯子」。

言多必失

沙皇尼古拉一世登基後，就爆發了一場自由主義者所領導的叛亂。他們要求俄國現代化，希望俄國的工業和國家建設儘快趕上歐洲其他國家。尼古拉一世殘忍地鎮壓了這場叛亂，同時要判處其中一名領袖李列耶夫死刑。

行刑的那一天，李列耶夫站在絞首台上，絞刑開始了，李列耶夫一陣掙扎之後繩索突然斷裂了，他猛然摔落在地上。在當時這樣的事情被看成是上天恩寵的預兆，因此得以逃過一劫。李列耶夫站起身後，確信自己保住了腦袋，他向著人群大喊：「你們看，俄國的工業就是如此差勁，他們不懂得如何做好任何事，甚至連製造繩索也不會！」

一名信使立刻前往宮殿報告絞刑失敗的消息，雖然懊惱於這突如其來的變化，尼古拉一世還是打算提筆簽署赦免令。

「事情發生之後，李列耶夫有沒有說什麼？」沙皇詢問信使。

「陛下，」信使回答，「他說俄國的工業如此差勁，他們甚至不懂得如何製造繩索。」

「這種情況下，」沙皇說，「讓我們來證明事實與之相反吧。」於是他撕毀赦免令。

第二天，李列耶夫再度被推上絞刑台。這一次繩索沒有斷。

勇氣格言：

言多必失，禍從口出。在言語上逞強的人，暫時的滿足遠遠不及由此帶來的災禍，何必逞一時口舌之快而丟掉了自己寶貴的機會呢？留得青山在，不怕沒柴燒。

我喜歡颱風

臨睡以前，女兒赤腳站在我面前說：「媽媽，我最喜歡的就是颱風。」

我有點生氣。這小搗蛋，簡直不知人間疾苦，每刮一次颱風，有多少屋頂被掀翻，有多少地方會淹水，鐵路被沖斷，家庭主婦望著百元一斤的小白菜生氣……而這小女孩卻說，她喜歡颱風。

「為什麼？」我耐住性子問。

「因為有一次颱風的時候停電……」

「你是說，你喜歡停電？」

「停電的時候，我就去找蠟燭。」

「蠟燭有什麼特別的？」我的心漸漸柔和下來。

「我拿著蠟燭在屋裡走來走去，你說我看起來像小天使……」

那是許多年前的事了吧？我終於在茫然中靜了下來。她一直記得我的一句話，而且因為喜歡自己在燭光中像天使的那種感覺，她竟連帶的也喜歡了颱風之夜。

一句不經意的讚賞，竟使時光和周圍情境都變得值得追憶起來。那夜，有個小女孩相信自己像天使；那夜，有個母親在不經意的讚許中，製造了一個天使。

勇氣格言：

讚美的力量是巨大的。有時，一句讚美的話，便足以改變一個人的人生。讚美是對付出的一份報酬，是黑暗中的一根蠟燭，有意無意間照亮了別人。

讚美，對別人是溫暖；對自己是文明；人生，有時需要一點讚美。

TALENT Tool

大大的享受拓展視野的好選擇

大拓 Talent TooL

永續圖書線上購物網
www.foreverbooks.com.tw

謝謝您購買 生命沒那麼難，但需要勇氣 這本書！

即日起，詳細填寫本卡各欄，對折免貼郵票寄回，我們每月將抽出一百名回函讀者寄出精美禮物，並享有生日當月購書優惠！

想知道更多更即時的消息，歡迎加入"永續圖書粉絲團"

您也可以利用以下傳真或是掃描圖檔寄回本公司信箱，謝謝。

傳真電話：（02）8647-3660　　信箱：yungjiuh@ms45.hinet.net

☺ 姓名：　　□男 □女　　□單身 □已婚

☺ 生日：　　□非會員　　□已是會員

☺ E-Mail：　　電話：（ ）

☺ 地址：

☺ 學歷：□高中及以下 □專科或大學 □研究所以上 □其他

☺ 職業：□學生 □資訊 □製造 □行銷 □服務 □金融

□傳播 □公教 □軍警 □自由 □家管 □其他

☺ 您購買此書的原因：□書名 □作者 □內容 □封面 □其他

☺ 您購買此書地點：　　金額：

☺ 建議改進：□內容 □封面 □版面設計 □其他

您的建議：

廣告回信
基隆郵局登記證
基隆廣字第57號

新北市汐止區大同路三段一九四號九樓之一

大拓文化事業有限公司收

請沿此虛線對折免貼郵票，以膠帶黏貼後寄回，謝謝！

生命沒那麼難，但需要勇氣

- 請至鄰近各大書店洽詢選購。
- 永續圖書網，24小時訂購服務
  www.foreverbooks.com.tw
  免費加入會員，享有優惠折扣
- 郵政劃撥訂購：
  服務專線：(02)8647-3663
  郵政劃撥帳號：18669219